Impressum:
1. Auflage 2021

Tel.: 0351-838 69 89 e-mail: info@notschriften.de
www.notschriften.com
Satz: Verlag
Druck/Bindung: TZ-Verlag & Print GmbH

ISBN 978 - 3 - 948935 - 02 - 3

DIETER LORENZ (2022)

Radebeul von oben

Jürgen Helfricht

Die Garten-, Villen- und Rebenstadt aus der Vogelschau

NOTschriften

Vorwort

Malerisch liegt Radebeul an der Sächsischen Weinstraße, fasziniert durch das kontrastreiche Wechselspiel sanfter Auen mit steilen, zur Hochebene führenden Hängen. Einheimische wie Gäste lieben das satte Grün, lassen sich verzaubern von romantischen Winzerhäusern, von in alter Herrlichkeit sanierten Villen. Wer zu den Aussichtspunkten der Hangkante steigt, blickt auf ein beeindruckendes Denkmalschutzgebiet und sieht Panoramen, welche sich bis hin zur Sächsischen Schweiz und dem Osterzgebirge ausbreiten. Dies begeistert auch den Autor, der vor drei Jahrzehnten Dresden-Loschwitz verließ, um hier eine Familie zu gründen. Mit den heute knapp 34 000 Einwohnern in ihren mehr als 18 000 Wohnungen (über 7000 Häuser) erlebt er, wie sich das Antlitz seiner Stadt verschönert und gleichsam verändert. Laut Statistik wuchs Radebeul in den Jahren 1998 bis 2016 um exakt 1214 Wohngebäude und 217 Nichtwohngebäude. Allein die Kommune investierte seit 1990 in städtische Objekte wie z. B. Schulen, Kitas und Sportanlagen einschließlich der 157 Kilometer Straßen etwa 230 Millionen Euro. Längst ist eine Milliardensumme erreicht, die hier in jüngerer Zeit durch die öffentliche Hand und privates Engagement ausgegeben wurde. Wo einst die Gebrüder Ziller wirkten, welche auf ge-

Radebeul-Niederlößnitz, Blick zu den Weinbergen mit Wasserturm, Friedensburg und Minckwitzschem Weinberghaus; im Vordergrund denkmalgeschützte Häuser der Heinrich-Zille-Straße/Ledenweg

rodeten Weinbergen ganze Straßenzüge schufen – viele ihrer Werke zählen heute noch zu den ca. 1300 Einzeldenkmalen –, zieht Radebeul seit 1990 Investoren an. Die publizistische Beschäftigung mit Geschichte und Gegenwart sowie mit Persönlichkeiten der Stadt ließ nicht nur einige Bücher entstehen, sondern auch den Wunsch reifen, die ans Herz gewachsene Heimat in ihrem heutigen Aussehen zu dokumentieren. Erstmals wird die Garten-, Villen- und Rebenstadt deshalb per Drohne und Hubschrauber aus der Luft porträtiert. Nicht nur einzigartige Impressionen von der uralten Kulturlandschaft der Lößnitz am rechten Ufer der Elbe bietet diese Vogelschau. Wie in einem Brennglas werden Entwicklungen sichtbar, zu denen weichende Schornsteine, dafür neue Solarmodule auf Dächern zählen. Bauwerke verschwanden, Grundstücke wurden geteilt, Fassaden verändert, Anbauten errichtet. Manchen Zierrat streifte der Zeitgeist ab. Sowohl berühmte Landmarken als auch Wohnquartiere oder Dorfkerne der einst zehn Ursprungs-Gemeinden stellt der Band in seltenen Perspektiven vor. Dies wurde auch möglich, weil die Stadtverwaltung dieses ambitionierte Projekt durch Mitteilung im Amtsblatt 09/2018 der Öffentlichkeit vorstellte. Historische Luftaufnahmen des Stadtarchivs und der Sammlung

Bacchus auf dem Jacobstein

Bert Wendsche demonstrieren zudem, wie sehr unser Stadtbild seit Generationen variiert. Einige alte Abbildungen können aus ähnlichen Blickwinkeln sogar mit der heutigen Situation verglichen werden. Der Vergleich lässt erahnen, dass bauliche Verdichtungen sowie die Umnutzung von Acker- und Gartenland, Rebflächen und Wiesen für Wohn- und Gewerbezwecke auch künftig jene Region prägen werden, die Sachsen-König Johann (1801 – 1873) um 1860 als ein „Sächsisches Nizza" rühmte. Mit ihrer „Integrierten Stadtentwicklungskonzeption" (Neubearbeitung 2015) oder dem Aufstellungsbeschluss zur Erhaltungssatzung „Villengebiete Nieder- und Oberlößnitz" vom November 2019 hat die Stadt zwar Leitlinien und Rahmenbedingungen für die Planung festgeschrieben. Die kommunale Aufsicht ist jedoch nur eine Seite der Medaille. Bedenkt man, dass sich laut letztem Zensus 91,8 Prozent der Gebäude mit Wohnraum im Besitz von Privatpersonen (5637 Wohngebäude) und Eigentümergemeinschaften (730 Wohngebäude) befinden, wird die immense Verantwortung aller Grundbesitzer für das zukünftige Gesicht Radebeuls deutlich.

Dr. Jürgen Helfricht

Historische Luftbildaufnahmen der Lößnitzortschaften des 20. Jahrhunderts

Die Erde wie ein Vogel zu betrachten, aus Perspektiven, die mehr als Berge, Stadtmauern oder Türme zu bieten vermochten, war lange ein Menschheitstraum. Ausdruck dieser Sehnsucht sind auch jene frühen Darstellungen, von denen die zum Anfang des 19. Jahrhunderts von Johann Gottlob Henschke (1771 – 1850) geschaffene Radierung des Lößnitz-Panoramas die Bekannteste sein dürfte.

Mit dem Aufkommen der Fotografie – kommerziell erfolgreich war nach 1837 zuerst die Daguerreotypie – wuchs selbstverständlich auch der Wunsch, Aufnahmen von Landschaften und Gebäuden aus größerer Höhe fabrizieren zu können. Doch blieb den Meistern des Faches in den ersten Jahrzehnten nichts anderes übrig, als ihre schweren und unhandlichen Apparate zu natürlichen Erhebungen zu wuchten. Derartige Pseudo-Luftbildfotografien hiesiger Gegend sind vor allem durch Postkarten bekannt. Von der Terrasse der Friedensburg oder anderen Aussichtspunkten talwärts aufgenommene Motive der Niederlößnitz und Kötzschenbroda wurden in den ersten Jahr-

Anfang des 19. Jahrhunderts geschaffene Panoramadarstellung der Lößnitz. Die Radierung ist eine Arbeit des Dresdner Landschaftszeichners und Kupferstechers Johann Gottlob Henschke.

Blick von den Lößnitzbergen auf Niederlößnitz und das Elbtal bei Kötzschenbroda mit der uralten Kirche um 1863. Äcker, Gärten und Rebpflanzungen prägen die Gegend, welche kaum Bauwerke erkennen lässt.

zehnten des 20. Jahrhunderts beispielsweise vom 1793 in Meißen gegründeten Verlag „Brück & Sohn" angeboten. Mit der immer handlicher werdenden Fototechnik bestieg man dann auch die Kirchtürme, konnte Villenquartiere Richtung Elbhangkante ablichten. Damit ließen sich die mit dem Aufkommen der Luftfahrt und der damit einhergehenden Luftfotografie vorgeschriebenen Luftbildgenehmigungen umgehen. Aus militärischen Gründen, welche selbst maßstäblich verzerrte Land- und Wanderkarten vorschrieben, wurden diese bis zum Ende der DDR besonders restriktiv gehandhabt. Vom wackeligen Gerüst aus – etwa die Höhe des goldenen Turmkreuzes erklimmend – nahm noch bei der Sanierung der Friedenskirche um 1962/63 ein unbekannter Fotograf das östlich gelegene Fürstenhain und den Anger von Altkötzschenbroda auf.

Die zum Anfang des 20. Jahrhunderts erfundene Brieftaubenfotografie kam in den Lößnitzortschaften wohl kaum zum Einsatz. Von hier sind auch keine Ergebnisse der Drachen- oder Raketenfotografie bekannt. Historische schwarzweiße Schrägbilder und Senkrechtbilder aus Flugzeugen – in Einzelfällen auch aus Luftschiffen oder Heißluftballons aufgenommen – zählen bis heute zu den großen Raritäten. Zumindest eine Fotografie der Bahnhofsgegend von Kötzschenbroda entstand nach 1910 vom über dem Elbtal kreisenden Luftschiff „Parseval VI" aus. Hauptmann Edgar Härtel (ca. 1871 – 1915), der erste Deutsche, welcher für seine Leistungen auf dem Gebiet der Ballonfotografie in Paris ausgezeichnet wurde, drückte den Auslöser. In den 1920er Jahren begann Colmar Walter Hahn (1889 – 1969), der 1908 in Dresden seinen bekannten Fotopostkartenverlag ins Leben rief, mit der Luftbildfotografie. Hahn, dessen Luftbildgenehmigung letztmalig 1943 erneuert wurde, flog dazu in den Anfangsjahren oft mit dem ihm befreundeten Reklameflieger Ernst Fröde (†1933). Auch der Jagdflieger und Luftbildfotograf Paul Strähle (1893 – 1985) aus Schorndorf in Baden-Württemberg – zwischen 1919 und 1939 schuf dieser über 40.000 Luftaufnahmen von Deutschland – verewigte sich in unserer Stadt.

Die Bekanntheit der Heimat von Abenteuerschriftsteller Karl May (1842 – 1912) und Naturheilunternehmer Friedrich Eduard Bilz (1842 – 1922) – der Weinbau spielte nach der Reblaus-Katastrophe in den 1880er Jahren eine eher marginale Rolle – be-

Zur Sanierung in den Jahren 1962/63 vom Baugerüst der Friedenskirche (etwa in Höhe des Kuppelkreuzes) fabrizierte Aufnahme von Altkötzschenbroda. An der Nordfront des Angers z. B. das als Wohn- und Geschäftshaus ausgebaute Eckhaus zum Gradsteg Nr. 28

Vor 1925 entstandenes Luftbild des Kötzschenbrodaer Dorfkerns (Kriegerdenkmal fehlt) mit der 1884 bis 1885 erneuerten ev.-luth. Kirche, die seit 1935 Friedenskirche heißt, im Hintergrund Fürstenhain

wegte manche im Luftbild-Sektor tätigen sächsischen Verlage, hiesige Motive in Umlauf zu bringen. Zu ihnen zählten die in Leipzig ansässigen Verlage wie „Aero-Bild-Verlag", „Bild-Flug G.m.b.H.", „Brockhaus-Luftbild" oder der „Luftbild-Verlag Ernst Assmus".

Aus heutiger Sicht bedauerlich erscheint, dass sich die so fotografierten Areale vor allem auf Kötzschenbroda, Niederlößnitz, Oberlößnitz und Radebeul konzentrieren. Versucht man, die alten Blickwinkel erneut abzulichten, offenbaren sich diverse Schwierigkeiten, die nicht allein in den unbekannten optischen Qualitäten der einst benutzten Objektive und Linsen (Brechungsindizes, Dicken und Krümmungsradien), der Abbildungsmaßstäbe und Brennweiten begründet sind. Manch ursprüngliche Position ist z. B. durch Vegetation und Bebauung nicht mehr erreichbar oder der Aufwand, sie durch vergleichende Flüge zu ermitteln, wäre zu groß.

Ebenfalls 1962/63 nahe der Kirchturmspitze aufgenommenes Foto von Altkötzschenbroda Richtung Westen. Der Bildausschnitt reicht über die rechts abgehende Bahnhofstraße hinaus und schließt die rückwärtigen Häuserfronten der Hermann-Ilgen-Straße ein.

Korrespondierender gleicher Blickwinkel im September 2020. Dank bestem Wetter und ohne Rußwolken aus mit Braunkohlebriketts gefütterten Kachelöfen zu DDR-Zeiten reicht die Sicht bis ins Gewerbegebiet von Naundorf und zu den Hochhäusern der Nachbarstadt Coswig.

Der unbekannte Fotograf 1962/63 auf dem Kirchturmgerüst richtete seine Kamera auch zum östlich gelegenen Fürstenhain mit seinen überschaubaren Häusern. Die 1931 gegründete Tischlerei Lehmann verfügte noch nicht über den Silo für Holzspäne (errichtet 2000).

Ähnlicher Blick über Fürstenhain im Herbst 2020. Zur Elbe hin wird der Ortsteil seit 2019 durch einen 320 Meter langen und bis zu 4,5 Meter hohen Deich sowie eine 40 Meter lange Hochwasserschutzmauer (4,5 Mio. Euro teuer) vor Fluten wie 2002 und 2013 geschützt.

Bahnhofsgelände Kötzschenbroda nach 1910. Dieses Foto schoss der Ballonfahrer und Luftschiffer Hauptmann Edgar Härtel vom Rundfahrt- und Werbeluftschiff „Parseval VI“ (12 Passagiere, 75 Meter lang, Durchmesser 15 Meter, Geschwindigkeit 59 km/h).

Beim Vergleich mit dem historischen Foto zeigt die gegenwärtige Aufnahme der Bahnhofsgegend deutlich Kontinuitäten und Veränderungen. Nördlich der Bahngleise, Meißner Straße 285, ist das 1917 eröffnete und 2000 geschlossene Postamt zu sehen.

Von Niederlößnitz – vermutlich vom Jacobstein – schweift der Blick um 1910 über Wackerbarths Ruh' nach Naundorf, wo das Schulgebäude hervorsticht. Zu jener Zeit wartete das Schloss noch auf seinen barockisierenden Umbau, der 1916 und 1917 erfolgte.

Niederlößnitz-Fotografie aus dem Jahre 1922, welche im Vordergrund das damals als Pension genutzte barocke Herrenhaus Altfriedstein, auch Friedensburg und Minckwitzsches Weinberghaus im Blick hat. Seit 1902/03 entstand hier eine beeindruckende Villensiedlung.

Die Niederlößnitz im Jahre 1910. Vorn im Bild Häuser und Villen der 1891 angelegten Blumenstraße. Links die Horst-Viedt-Straße, welche seit 1897 Südstraße hieß. Rechts davon die Moritzburger Straße mit dem Gasthof „Heiterer Blick" (1846 erbaut, 1861 erweitert)

Trotz heutiger baulicher Verdichtung erkennt man historische Villen an der Blumenstraße und der 1875 angelegten Karlstraße wieder. Manches Gebäude ist umgebaut, manch Dach verändert. Anstelle des 2005 abgerissenen „Heiteren Blicks" entstanden neue Häuser.

Um 1924 hielt ein auf dem Weinberg stehender Fotograf diese Blickbeziehung von Niederlößnitz über Kötzschenbroda bis Cossebaude am anderen Elbufer fest. Vor der Kötzschenbrodaer Kirche ist die 1874 errichtete Schule (Anbau von 1904) zu sehen.

Original-Fliegeraufnahme vom 1870/71 an der Hangkante des Elbtals in Niederlößnitz erbauten „Berggasthaus Friedensburg", das auch stolz „Perle der Lößnitz" genannt wurde. Vom „Aero-Bild-Verlag" in Leipzig wurde dieses Motiv wohl seit den 1930er Jahren vertrieben.

Teil der heutigen Heinrich-Zille-Straße (Niederlößnitz) in den 1930er Jahren. Der östliche Bereich hieß seit dem späten 19. Jahrhundert Magdalenenstraße, ab 1934 Ludendorffstraße. Der westliche zuerst Grenzstraße, danach Franz-Seldte-Straße (nach einem Nazi-Politiker)

Um das 1864 erbaute „Magdalenenasyl“ (Heinrich-Zille-Straße 15, seit 1940 Altersheim der Diakonie „Hedwig-Fröhlich-Haus“) gruppieren sich moderne Bauten. Vorn rechts Gebäude vom Elblandklinikum Radebeul

Blick von Norden auf die Kreuzung Lößnitzgrundstraße (1897 – 1935 nur Grundstraße) zur Zillerstraße im Jahre 1911. Die beiden zum Grundhof gehörenden Häuschen vorn sind längst verschwunden. Rechts oben das 1870 errichtete Luisenstift (Erweiterungsbauten 1872/75)

Das zu Kötzschenbroda-Oberort gehörende, von viel Wald umgebene, „Meierei“-Gelände mit der 1882 als „Maierei“ eröffneten Tanz- und Ausflugsgaststätte im Lößnitzgrund. Der Verlag Carl Pittius in Kötzschenbroda brachte diese Postkarte um 1930 heraus.

Links oben:
Als „Luftbild von Lindenau“ wurde diese Postkarte um 1915 verkauft. Man blickt auf die Ringstraße, welche seit 1897 den Namen trägt. Rechts im Foto die „Lößnitzburg“. Sie wurde 1902 auf einem 4100 Quadratmeter großen Berggrundstück als Restaurant eröffnet.
Links unten:
Neue Einfamilienhäuser an der Ringstraße. Die „Lößnitzburg“ (Name etwa 1925 bis 1953), ihr erster Name lautete „Restaurant Franz Josef's Höhe“, ab 1905 „Berggasthaus Lindenhöhe“, ab 1954 „Haus der Werktätigen“, beherbergt nach Sanierung heute nur Wohnungen.

Rechte Seite links oben:
Die steilen Reb-Terrassen der Oberlößnitz werden vom Bismarckturm und dem 243 Meter über dem Meeresspiegel gelegenen Spitzhaus gekrönt. Der Luftbild-Verlag Ernst Assmus brachte diese Fotografie mit Genehmigung des Reichsluftfahrtministeriums um 1935 heraus.
Rechte Seite rechts oben:
Zwischen 1920 und 1930 entstand diese beeindruckende Aufnahme, welche links im Vordergrund die Hoflößnitz und das Meinholdsche Turmhaus zeigt. Der Blick reicht von Oberlößnitz über Radebeul mit der Lutherkirche bis zur Landeshauptstadt Dresden.
Rechte Seite links unten:
Das renommierte Bilz-Sanatorium in Oberlößnitz, vorn links, und die Radebeuler Lutherkirche bilden den Rahmen dieses Elbtal-Panoramas zur Wende vom 19. zum 20. Jahrhundert. Der Fotograf stand auf einem der ehemaligen Weinberge rechts vom Straken.
Rechte Seite rechts unten:
Luftbild vom Bilz-Sanatorium um 1918. Die geniale Schöpfung von Naturheiler Friedrich Eduard Bilz (1842 – 1922) stand damals in höchster Blüte. Das Sanatorium verfügte über Betten für 180 Kurgäste und im 43 700 Quadratmeter großen Park standen 20 Lufthütten.

Radebeul

Linke Seite links oben:
Über die Radebeuler Bahngleise blickt man von Süden auf die Villen-Quartiere rund um die Lutherkirche zu den Hängen der Oberlößnitz und Wahnsdorf. 1930 ist deutlich zu sehen, dass die nach der Reblauskatastrophe aufgegebenen Weinberge meist bewaldet sind.
Linke Seite rechts oben:
Seit den 1970er Jahren wird das Stadtbild links der Lutherkirche von drei bis zu 88 Meter langen und 21 Meter hohen Gebäuden des einstigen VEB Kraftwerksanlagenbau auf dem Areal Meißner-, Wasa- und Pestalozzistraße dominiert – dem heutigen „Wasapark".
Linke Seite links unten:
Das 1935 auf Elbwiesen errichtete Arbeitsdienstlager 8/154 Radebeul-Dresden. Der Reichsarbeitsdienst (RAD) war eine Nazi-Organisation. Deren Dienstpflichtige kultivierten im Jahre 1936 u. a. am Spitzhaus 47 000 Quadratmeter Ödland, pflanzten 38 000 Rebstöcke.
Linke Seite rechts unten:
Villen-Areal Schildenstraße im Jahre 1925. Im Vordergrund die Kirchstraße (Name seit 1892, 1932 bis 1945 Karl-May-Straße, danach Hölderlinstraße, ab 1985 wieder Karl-May-Straße), welche über der Schildenstraße in die Moritzstraße (seit 1945 auch Hölderlinstraße) mündet.

Rechts oben:
Blick über die Schumannstraße nach Oberlößnitz. Rechts das 1870 als Buchdruckfarbenfabrik gegründete Unternehmen Meißner Str. 116, welches 1895 von Johann Nepomuk Otto Baer (1846 – 1932) übernommen, ab 1905 von dessen Sohn weitergeführt wurde (1945 ca. 250 Beschäftigte).
Rechts unten:
Ähnlicher Blickwinkel vom Turm der Lutherkirche. Die seit 1991 leerstehende Farbenfabrik, 1948 enteignet und seit 1970 zum Arzneimittelwerk gehörend, wurde 1998 abgerissen. Heute befinden sich hier ein Supermarkt und ein 2004 eröffnetes Altersheim.

Mittelstraße und Gartenstraße um 1930. Im Vordergrund Dr. Madaus & Co, Pharmazeutische Werke. Die 1919 gegründete Firma der Brüder Madaus war 1921 erst nach Radeburg und 1929 dann nach Radebeul gezogen. Im Hintergrund das Bahnhofsgelände

1920 bis 1930 entstandene Luftaufnahme von Radebeul mit Blick zu den Weinbergen. Am Horizont auf dem Berg die 1908/09 eröffnete Restaurant-Pension „Kurhaus Wettin“ in Oberlößnitz. Ab 1920 war das Gebäude u. a. Kinderheilstätte, nach Umbau 2005 Wohnhaus.

1926 bannte Fotograf Hauswald aus Coswig das 1895 von der Aktiengesellschaft Elektrizitätswerke (vormals O. L. Kummer & Co., Niedersedlitz) im Lößnitzgrund auf Wahnsdorfer Flur errichtete Elektrizitätswerk Niederlößnitz auf eine Glasplatte.

Seiner Zweckbestimmung verlustig gegangen (Kraftwerksbetrieb 1928, Umspannstation 1962 eingestellt), erhielt sich dieses Industriedenkmal. Dahinter die neuen Häuser und Villen an der Dr.-Rudolf-Friedrichs-Straße, am Jagdweg und an der Jägerhofstraße

Kötzschenbroda mit Fürstenhain – berühmtes Straßenangerdorf an der Elbe

Zeitweise über 1000 Hektar groß, dürfte dieser Ortsteil als einer von zehn Ursprungsgemeinden der Stadt Radebeul und pa-rallel zur Elbe auf eine Gründung deutscher Kolonisten im 12. Jahrhundert nahe einer slawischen Vorgängersiedlung zurückzuführen sein.

In der Talniederung besteht der Boden aus Auelehm, nördlich der Eisenbahn aus Heidesand. Am Elbhang trifft man auf Syenit, nördlich von Schwarzes Teich auch auf pleistozäne Schotter. Auf Kötzschenbrodaer Flur grub man Urnenfelder der späten Bronzezeit (1200 v. Chr. – 800 v. Chr.) und an der Fabrikstraße/Kötitzer Straße ein Skelettgräberfeld der slawischen Siedler aus der Zeit 600 bis 1100 aus.

1226 wird der Ort erstmals als Schozebro (1242 Schosebrode) erwähnt. Etwa an der Stelle der Oberschänke könnte sich der Herrensitz eines Ritters von Zisimo de Schozebro befunden haben. Der altsorbische Ursprung des Namens verweist u. a. auf eine Furt, denn die Elbe wurde hier zu Fuß oder mit Fahrzeugen durchquert. Laut einer Urkunde von 1271 mussten 12 Fuder Wein aus einem bei Coschebrode gelegenen Weinberg dem Nonnenkloster Sitzenroda übereignet werden. Neben dem Weinbau widmeten sich die Bewohner seit dem Mittelalter dem Gartenbau, kultivierten u. a. Obst und Gemüse.

Obwohl eine Kirche wohl schon früher existierte, wird erstmals 1296 ein Geistlicher für den Ort genannt. Das 1352 in der Dresdner Ratsliste erwähnte Geschlecht von Koczenrode könnte den Ort oder Teile dessen besessen haben. 1445 waren 45 wehrfähige Männer mit Spießen und 15 mit Flegeln hier ansässig.

1553 wurde auf rund der Hälfte des um 1545 aufgelösten Kötzschenbrodaer Vorwerks das 150 Meter lange Gassendorf Fürstenhain ins Leben gerufen. Zu jener Zeit bereits als „neu Dorf" innerhalb der Kötzschenbrodaer Flur bezeichnet, zählte man 1816 ganze 116 Fürstenhainer Einwohner. Als wichtiges Ereignis gilt die 1863 erfolgte Gründung einer „Restauration" (um 1900 „Großes Restaurant" bzw. „Totenschänke", ab 1971 bis zur Schließung „Plauls Bierstube") an der Kötzschenbrodaer Straße 191. Die kaum lebensfähige Fürstenhainer Gemeinde mit zuletzt 285 Einwohnern kam durch Verfügung der Kreis-Amtshauptmannschaft 1876 zu Kötzschenbroda.

Seit 1572 hatte Kötzschenbroda seine Kirchschule.

Europäische Geschichte schrieb der von Hussiten (wohl 1429/30) und Schweden (14. März 1637) abgebrannte Ort, als man am 27. August 1645 (nach Gregorianischem Kalender 6. September) im Pfarrhaus der Friedenskirche den Waffenstillstand von Kötzschenbroda zwischen Schweden und Sachsen schloss.

Brände in den Jahren 1724, 1744, 1747, 1774 und 1805 äscherten meist große Teile des Ortes ein.

Orts-Pfarrer Johann Samuel Gottlob Flemming (1740 – 1827) verhinderte 1812 die Plünderung durch napoleonische Truppen. Am Sonntag Palmarum durfte seit Anfang des 17. Jahr-

Altkötzschenbroda im Frühjahr. Das Straßenangerdorf mit den wundervoll sanierten historischen Fachwerkhäusern und Dreiseithöfen wird im Süden von der Elbaue und im Norden von der geschlossenen Häuserfront der Hermann-Ilgen-Straße gesäumt. Deren Gebäude entstanden zwischen 1895 und 1935.

hunderts Jahrmarkt abgehalten werden. 1687 billigte Kurfürst Johann Georg III. (1647 – 1691) der Gemeinde am Donnerstag vor Michaelis einen weiteren Markt sowie zwei Viehmärkte zu. Die 1420 erstmals erwähnte Schiffsmühle verschwand als Schifffahrts-Hindernis um 1865. Rund um die Herstellung des weithin bekannten „Kötzschberger" oder „Kötzschber" Weins (60 Weingüter im Jahre 1803) entfaltete sich besonders das Korbmacher- und Böttgerhandwerk. 1826 gründeten sich mit der „Alten Apotheke" die erste Apotheke und die Laspe'sche Tonpfeifenfabrik.

1832/39 bildeten zahlreiche Weingüter inmitten der Kötzschenbrodaer Flur einen Weinbergsverein, aus dem 1839 die selbstständige Gemeinde Niederlößnitz entstand. Dadurch wurde Kötzschenbroda getrennt. Die auf der Hochebene befindliche Oberflur rund um Lindenau wird seitdem Kötzschenbroda-Oberort (siehe Kapitel „Kötzschenbroda-Oberort – Meereswellenbad und Wohnen auf der Höhe") genannt.

Der industrielle Aufschwung kam mit einer eigenen Station der „Sächsischen Elbedampfschiffahrts-Gesellschaft" und dem Bau der Eisenbahnlinie Leipzig – Riesa – Dresden 1839. 1854 eröffnete die Königlich-Sächsische Postexpedition ihre Filiale, die bis 1943 herausgegebene „Kötzschenbrodaer Zeitung" wurde 1865 ins Leben gerufen. Im gleichen Jahr arbeiteten 177 Handels- und Gewerbetreibende am Ort. 1899 folgte die Straßenbahnverbindung nach Dresden (Spurweite ein Meter, ab 1930 Spurweite 1450 mm). Nach Eingemeindungen von Lindenau (1920), Zitzschewig, Naundorf und Niederlößnitz wurde Kötzschenbroda 1923 Großgemeinde und erhielt am 5. Mai 1924 Stadtrecht. Um der drohenden Eingemeindung nach Dresden zu entgehen, schloss man sich am 1. Januar 1935 mit Radebeul (Stadtrecht seit 1924) zur Stadt Radebeul zusammen.

Es zählt zu den Glücksfällen der Geschichte, dass sich die zu DDR-Zeiten präferierte Errichtung einer Plattenbausiedlung anstelle des historischen Dorfkerns von Kötzschenbroda verhindern ließ. In Form eines fränkischen Straßenangerdorfes angelegt, trägt die Straße inmitten des historischen Dorfkerns seit 1935 den Namen Altkötzschenbroda. Ab Mitte des 20. Jahrhunderts dem Verfall preisgegeben, sollten die giebelständig aufgereihten Fachwerkhäuser (meist massives Untergeschoss) der Winzer, Handwerker oder des Gemeindehirten sowie die bäuerlichen Dreiseithöfe (bestehend aus Haupthaus, Auszugshaus und Scheune) mit imposanten Weinkellern einer monotonen, DDR-typischen, Bebauung weichen. Engagierte Bürger und die demokratische Wende 1989 verhinderten den Untergang der jahrhundertelang gewachsenen Atmosphäre.

1994 als Sanierungsgebiet ausgewiesen, entstand hier Radebeuls romantische Flanier- und Kneipenmeile mit stillen Gässchen und Biergärten. Westlich davon errichtete man zahlreiche Quartiere mit Ein- und Mehrfamilienhäusern – zuletzt die Wohnsiedlung „Korbmacherhöfe" an der Kötitzer Straße.

Dass Altkötzschenbroda ein „Sächsisches Grinzing" wurde, verdankt es auch dem bayerischen Großinvestor Dr. Dieter Dross (geb. 1966). Dieser erwarb ganze Häuserzeilen und ließ sie in altem Glanz erstrahlen. Richtung Weinberge ist die Trasse der Deutschen Bahn zu erkennen, welche 1839 für die Strecke Leipzig – Dresden entstand, die Stadt seitdem teilt.

Vermutlich im 12. Jahrhundert entstanden, ist die Kirche zu Kötzschenbroda (seit 1935 Friedenskirche) 1273 erstmals erwähnt. Zum Archidiakonat Nisan gehörend, war sie einst die Pfarrkirche für Zitzschewig, Naundorf, Fürstenhain und Lindenau einschließlich der Nachbardörfer Coswig (heute selbständige Stadt) und Kötitz (Stadt Coswig). 1839 kam Niederlößnitz hinzu. Zur Ersterwähnung besaß das Kötzschenbrodaer Gotteshaus in Kaditz die Laurentiuskapelle. Letztere wurde später selbst zur Kirche geweiht (heute Emmauskirche,

Stadt Dresden) und betreute lange die Lößnitz-Gemeinden Radebeul und Serkowitz. Die ev.-luth. Friedenskirche (Altkötzschenbroda 40) erinnert mit ihrem Namen an ein historisch bedeutsames Ereignis: 1645 wurde unter Pfarrer Augustin Prescher (1593 – 1675) im benachbarten Pfarrhaus der Waffenstillstand von Kötzschenbroda zwischen Sachsens Kurfürst Johann Georg I. (1585 – 1656) und dem schwedischen General Lennart Torstensson (1603 – 1651) geschlossen. Ob der ausgestellte „Friedenstisch" der Vertragsunterzeichnung authentisch ist, bleibt umstritten. Der romanische Kirchen-Vorgängerbau wurde wohl in den Hussitenkriegen zerstört. Laut Jahreszahl im Turm war 1477 Baubeginn für den quadratischen Westturm. In spätgotischer Manier mag die Kirche allerdings erst 1515 vollendet worden sein (Weihe 1510). Im Chor haben sich aus der Spätgotik Spitzbogenfenster mit Maßwerk, Strebepfeiler mit gekehlten Abdeckungen, das Rippennetzgewölbe und ein spitzbogiger Triumphbogen erhalten. Das nach dem Dorfbrand 1598 (Wiederaufrichtung bis 1627) und später durch Kriegstreiben schwedischer Truppen zerstörte Gotteshaus baute die Gemeinde ab 1637 im Renaissancestil wieder auf. Daran erinnert bis heute der hölzerne Kanzelkorb mit den vier gemalten Evangelisten von 1642. Die Kirche in heutiger äußerer Gestalt (breite Spitzbogenfenster, Gesimsfialen, Dachgauben mit Spitzhelmen, neogotischer Spitzhelm auf achteckigem Turmaufsatz) geht auf den teilweisen Neubau im neogotischen Stil durch Karl Weißbach (1841 – 1905) in den Jahren 1884/85 zurück. Mit der Wiederweihe 1885 erhielt sie eine Orgel der Dresdner Hoforgelbauer Jehmlich, die 1927/28 pneumatisiert, erweitert und umdisponiert wurde. Bei der das Raumbild enthistorisierenden Innenrenovierung 1961/63 setzte man 35 von Christian Rietschel (1908 – 1997) – ein Urenkel des Bildhauers Ernst Rietschel (1804 – 1861) – entworfene und nach schwerem Autounfall gestiftete farbige Glasbilder in die Altarraum-Fenster ein. Auf dem als Gottesacker seit Ende des 19. Jahrhunderts geschlossenen Kirchhof, der u. a. das Grab des Kunsthistorikers Franz Richard Steche (1837 – 1893) beherbergt, steht unter einem Schutzdach die wertvolle Sandstein-Plastik „Chronos und die Trauernde" aus dem 18. Jahrhundert.

Dem Himmel nahe, spiegelt sich in etwa 47 Meter Höhe im vergoldeten Turmkreuz der Friedenskirche das Sonnenlicht. Weithin im Elbtal sichtbar, symbolisiert dieses Zeichen des Christentums die Beziehung zwischen Gott und Menschen. Die Turmkugel wurde zuletzt bei der Kirchturmsanierung im Jahre 2018 geöffnet und mit aktuellen Dokumenten bestückt.

Das 1553 gegründete Fürstenhain, welches 1876 seine Selbständigkeit verlor. Links an der Fürstenhainer Straße Nr. 4, 8 und 9 stehen drei giebelständige, zweigeschossige Wohn- und Bauernhäuser mit ziegelgedeckten Satteldächern unter Denkmalschutz. Sie wurden zwischen 1800 und 1805 erbaut und seit den 1990er Jahren von ihren Besitzern saniert.

Vom Gradsteg aus (vorn im Bild), der von Altkötzschenbroda bis nach Niederlößnitz führt und unter den Bahngleisen einen Tunnel nutzt, geht die Hermann-Ilgen-Straße in westlicher Richtung ab. An dieser befindet sich die 1874 erbaute Oberschule (Hermann-Ilgen-Straße 35), daneben mit der Adresse Harmoniestraße 7 der Grundschulbau von 1904.

Kötzschenbroda liegt beiderseits der Bahntrasse. Im Foto sind zur Elbe hin die Kötzschenbrodaer Straße und jenseits der Gleise die Bernhard-Voss-Straße zu sehen. Ab 1946 machte der Schlagersänger Bully Buhlan (1924 – 1982) den Ort durch seinen Hit „Verzeih'n Sie, mein Herr, fährt dieser Zug nach Kötzschenbroda?“ deutschlandweit bekannt.

Zur Friedenskirchgemeinde gehören der 1873 auf 4,1 Hektar angelegte Neue Friedhof/Hauptfriedhof (Kötzschenbrodaer Straße 166/Am Gottesacker 33) mit 2700 Gräbern und der sich unter gleicher Adresse anschließende 0,5 Hektar umfassende und bereits seit 1602 bestehende Alte Friedhof/Bethesda-Friedhof mit 280 Gräbern.

Vor allem Mehrfamilienhäuser säumen zur Elbe hin die Kötzschenbroda und Serkowitz verbindende Kötzschenbrodaer Straße. Im 16. Jahrhundert als Fernstraße zwischen Dresden und Leipzig angelegt, hieß das Teilstück bis 1935 Dresdner bzw. Serkowitzer Straße. Wer hier wohnt, blickt auf das Grün von Gärten und Feldern, ist nach wenigen Schritten am Fluss.

Von Süden blicken wir über den Parkplatz und die dahinter neu entstandene Wohnsiedlung. Am Hotel „Goldener Anker" (Mitte) endet die Straße An der Festwiese. Die zu den Weinbergen strebende und unter der Bahntrasse verlaufende Straße ist die Bahnhofstraße. Ihre Verlängerung oberhalb der Kreuzung Meißner Straße heißt Moritzburger Straße.

Linke Seite: Nördliche Häuserfront von Altkötzschenbroda um die Bahnhofstraße. Das dreigeschossige Wohn- und Geschäftshaus an der linken Ecke Altkötzschenbroda 8/Bahnhofstraße mit polygonalem Erker und Turmhelm wurde 1912 errichtet. Viele Häuser der Bahnhofstraße entstanden zwischen 1888 und 1935. Vorgängerbauten sind bis 1854 zurückverfolgbar.

Oben: Kötzschenbroda zwischen Bahndamm, Gärten und Elbaue mit der Hermann-Ilgen-Straße (links) und Altkötzschenbroda (rechts) von Westen in der Abendsonne. Jenseits des blauen Bandes der Elbe erstreckt sich das 1997 nach Dresden eingemeindete Cossebaude. Am Horizont die sich östlich an die Große Kreisstadt Radebeul anschließende Landeshauptstadt

Nordseite der Meißner Straße mit Traditionsgeschäften wie Bettenhaus Hennl (Nr. 272) oder Buchhandlung Sauermann (Nr. 264). Links der Moritzburger Straße das „Wettinhaus“ (erbaut 1898), rechts das Eckhaus von 1881. Auch die Häuser oberhalb der Meißner Straße gehören bis Am Bornberge bzw. der Heinrich-Zille-Straße noch zur Kötzschenbrodaer Flur.

Wohn- und Gewerbegrundstücke beiderseits der Meißner Straße zwischen Bahnhofstraße bzw. Moritzburger Straße und Ledenweg. Dazu zählen ein Supermarkt (Nr. 252), Gartentechnik-Spezialist Drexl (Nr. 248) und Oil-Tankstelle (Nr. 246). Die mehrfach umgebaute Villa rechts davon mit Anbauten, Erker und Turm Meißner Straße 244 datiert von 1901.

Linke Seite: Fabrikant und Erfinder Johannes Wilhelm Hofmann (1876 – 1956), der ab 1937 sämtliche in Deutschland benötigten Hochspannungsarmaturen herstellte, ließ sich bis 1916 am Ledenweg 2 diese Villa errichten. Die „Hofmann-Villa" genannte Immobilie mit Pförtnerhaus wurde durch den DDR-Neubau von viergeschossigen Wohnhäusern ihres Parkes beraubt.

Oben: Auch die Querstraße (Bildmitte), Hainstraße (rechts) und Neue Straße – alle führen zur Meißner Straße – gehören zu Kötzschenbroda. Seit Mitte der 1970er Jahre durchschneiden die von Arbeiterwohnungsbaugenossenschaften (AWG) errichteten Bauten die Villenstruktur. Zwischen 1954 und 1979 entstanden in Radebeul 1152 AWG-Wohnungen.

Von Süden stößt die Neue Straße auf die Meißner Straße. Nördlich von dieser zweigen Lößnitzstraße, Dr.-Rudolf-Friedrichs-Straße und rechts von der Meißner Straße 216 (zwischen 2007 und 2020 „Hotel Stadt Radebeul") die Borstraße ab. Westlich der Dr.-Rudolf-Friedrichs-Straße endet das bis zur Heinrich-Zille-Straße reichende Kötzschenbroda.

Nördlich der Bahnstrecke das Ende der Bernhard-Voß-Straße mit diversen Unternehmen, alten sanierten und neuen Wohnhäusern. Oberhalb der Meißner Straße das Villen-Areal Niederlößnitz. Eingebettet darin zwischen Borstraße und Heinrich-Zille-Straße moderne Gebäude der Diakonie und des Elblandklinikums Radebeul (Heinrich-Zille-Straße 13).

Wo An der Festwiese und Uferstraße sich das Bootshaus und die Dampferanlagestelle der Weißen Flotte befinden, entstanden seit 1990 zahlreiche Wohnquartiere wie jüngst die „Korbmacherhöfe".

Dominierend noch immer das 1906 errichtete Amtsgericht mit Kuppel an der Rückseite (Wilhelm-Eichler-Straße 13/13a, heute Evangelische Grundschule).

Jüngere Bauten im Gewerbe- und Wohngebiet zwischen Kötitzer Straße, Fabrikstraße und Uferstraße. Sichtbar wird, wie die Bauträger der Immobilien hier nur wenige Architekten-Entwürfe mehrfach kopierten. Rechts an der Elbe mit Schieferdach das Restaurant „Zum Dampfschiff", Uferstraße 10 (erbaut 1865, erweitert 1895)

Direkt am Elbradweg – von der Elbquelle im Riesengebirge bis nach Cuxhaven ist er fast 1300 Kilometer lang – liegt die 1937 gegründete Kleingartenanlage „Elbaue". Zu ihr gehören heute 95 Gärten. Eine Flutschutzmauer hilft nur benachbarten Betrieben. So ist zu befürchten, dass Elbe-Hochwasser wie 2002 und 2013 wieder die Gärten und Bungalows durchströmen.

Seit 2011 verbindet eine Schrägseilbrücke mit zwei Fahrspuren (Länge 366 Meter), deren Pylon am rechten Ufer 77,25 Meter Höhe aufweist, Kötzschenbroda mit Niederwartha. Sie entstand elbabwärts neben der 1873/75 errichteten Eisenbahnbrücke Niederwartha (353,6 Meter Länge), welche bis zur Teilsprengung 1945 auch vom Straßenverkehr genutzt wurde.

Naundorf – wo ländliche Idylle, ein Gottesacker und Industrie harmonieren

Umrahmt von Weiden, einem Brunnen und Gärten bildet der nach 1822 angelegte Teich den Mittelpunkt des ovalen Platzgassendorfes Naundorf. Entsprechend der urkundlichen Ersterwähnung als Nuendorf im Jahre 1144 ist es das älteste der zehn Ursprungsdörfer von Radebeul. Diese Neugründung entstand im Zuge der fränkischen Kolonisation ab 1120. Für slawische Siedlungs-Ursprünge fehlen bislang archäologische Funde. Von der Mitte des 14. Jahrhunderts bis zum Rückfall des Lehens an den Landesherrn zum Ende des 15. Jahrhunderts war Naundorf im Besitz der Dresdner Patrizierfamilie Kundige, die noch in Zitzschewig und auf der anderen Elbseite in Wildberg Güter besaß. Ihr gehörte auch das 1349 erstmals genannte Brauschankgut (Gasthof Naundorf, 2012 abgerissen). 1590 wurde Naundorf Amtsdorf von Dresden, mussten 57 Sicheltage im Vorwerk Ostra geleistet werden, waren zehn Mann eine Woche lang zur Weinlese in der Hoflößnitz verpflichtet, befahl man die Bauern z. B. auch zur Wolfsjagd. Obwohl die Feuerlöschordnung von 1775 bereits Schornsteine aus Backstein und harte Bedachung verlangte, das Umherlaufen mit offenem Licht und brennenden Kienspänen unter Strafe stellte, brannte das damals kaum 400 Einwohner zählende Dorf nebst der 1783 errichteten Schule am 29. Juli 1822 bis auf fünf Gehöfte nieder. Typisch für den historischen Dorfkern Altnaundorf sind 32 denkmalgeschützte, meist mit dem verputzen Giebel zur Straße stehende, Gebäude. Die schmalen Hofstellen zwangen die Siedler zu dieser Bauweise. Zu den Haupterwerbszweigen gehörten seit dem 15. Jahrhundert die Winzerei (bis zum Niedergang durch Missernten um 1800 gab es 31 Weinpressen im Dorf) und Landwirtschaft, seit dem 19. Jahrhundert der Gartenbau. Anno 1654 wird ein Schmied erwähnt, 1688 ein Stellmacher. Bäckermeister und Krämer scheinen sich erst im 19. Jahrhundert angesiedelt zu haben. 1727 bis 1730 schuf unterhalb der Bischofsberge Reichsgraf August Christoph von Wackerbarth (1662 – 1734) seinen Alterssitz „Wackerbarths Ruh". 1840 baute die Gemeinde, die 1900 eine Fläche von 428 Hektar umfasste und von den Elbwiesen bis zur Hochebene nordwestlich von Lindenau reichte, ein Armenhaus (Abbruch 1908). Seit 1897 gab es Pläne, am Kapellenweg 14 den Friedhof Naundorf-Zitzschewig mit der 1907/08 errichteten Johanneskapelle anzulegen, auf dem 1908 das erste Begräbnis stattfand. 1907 wurde das an Kötitz grenzende Gebiet zum Fabrikviertel. 1911 siedelte sich in Naundorf die 1898 gegründete „Dresdner Schnellpressen-Fabrik" an, welche 1932 die weltweit erste Vierfarben-Bogenoffset-Druckmaschine auf den Markt brachte und ab 1938 unter dem Namen „Planeta" firmierte.

Rechte Seite: Das Platzgassendorf Naundorf mit fränkischer Dorfangeranlage (Altnaundorf), dessen Keimzelle aus etwa 30 Gehöften bestand, ist bis heute gut erhalten. Östlich davon die 1905 eingeweihte Grundschule (Bertheltstraße 16) mit Dachreiter und Anbau von 2015. Statt des 1349 ersterwähnten Gasthofes im Süden des Angers (Abriss 2012) stehen Einfamilienhäuser.

1991 bis 1994 übernahm die Würzburger Koenig & Bauer AG (KBA), seit 2017 „Koenig & Bauer Sheetfed AG & Co“, den Radebeuler Druckmaschinenhersteller, der im Jahre 1989 insgesamt 5600 Mitarbeiter zählte. Die zurzeit rund 1000 Beschäftigten stellen Bogenoffset-Druckmaschinen vom Klein-, Mittel- bis zum Supergroßformat her. Im Umfeld der Firma entstanden in den letzten Jahren Großdruckereien. So 1999 die aus Zirndorf bei Nürnberg stammende Ellerhold-Gruppe (580 Mitarbeiter) mit besonderen Kompetenzen im Großplakat-Druck oder seit 2003 die international operierende Online-Druckerei Unitedprint (etwa 500 Mitarbeiter). Die Selbständigkeit Naundorfs ging am 1. Oktober 1923 verloren, als man sich mit drei weiteren Gemeinden der westlichen Lößnitz zur Großgemeinde Kötzschenbroda zusammenschloss. Naundorf ist heute auch – so demonstrieren es zahlreiche in jüngster Zeit entstandene Siedlungen mit Ein- und Mehrfamilienhäusern – ein beliebter Ort zum Wohnen.

Linke Seite:
Niederwarthaer Straße Richtung Elbe. Das Eckhaus vorn links an der Kötitzer Straße beherbergte bis in die 1990er Jahre das Traditions-Gasthaus „Zum Hirsch“. Viel Grün umgibt die Häuser links an der Straße Auf den Scherzen. Rechts entstand laut Bebauungsplan Nr. 12 vom August 1998 ein neues Wohngebiet aus Reihen- und Einfamilienhäusern.

Oben:
Von Äckern, Gärten und Weinbergen umrahmtes Naundorf von Süden: Links unten das Hallendach der „Getränke Helmke Flack Schwier GmbH“, dahinter das Neubaugebiet Gauernitzer Straße. Östlich davon die Niederwarthaer Straße mit der nach Osten abzweigenden Fabrikstraße. Im Hintergrund Zitzschewig und im Westen Radebeuls Nachbarstadt Coswig

Jenseits der Zubringerstraße zur Niederwarthaer Brücke bzw. nach Coswig das Betriebsgelände des Großhandels „Getränke Helmke Flack Schwier GmbH", der seit 1903 am Ort agiert.

Gegenüber das 1951 in einer ehemaligen Lehmgrube eröffnete Lößnitzbad (Fabrikstraße 47). Als Naturbad verfügt es über etwa 22.000 Quadratmeter Wasserfläche.

Von der Bahntrasse links sowie der Elbe rechts geleitet, blicken wir Richtung Osten auf die Cossebauder Straße und jenseits von dieser zur Gärtnerei Dombrowe. Nach der Gartenhofsiedlung Lößnitzblick beginnt Kötzschenbroda. Wer genau hinschaut, erkennt einen gelben Fabrikbau an der Kötitzer Straße. Hier begann 1924 die „Vadossi Kakao-Schokoladen- und Marzipanfabrik" ihre Produktion.

Im Norden durch Schützenweg und im Süden durch Häuser an der Kötitzer Straße begrenzt, entstanden hier am Lindenweg in den Jahren 1994 bis 1997 zuerst die „Gartenhofsiedlungen Lößnitzblick I und II“.

Ab 2008 komplettierten 15 Einfamilien- und Reihenhäuser den Standort in ländlicher Idylle und nahe der Bahnstrecke Leipzig – Dresden.

Radebeuls industrielles Herz schlägt heute vor allem im Gewerbegebiet links und rechts der Friedrich-List-Straße. Am Traditionsstandort des Druckmaschinenherstellers „Planeta“ (Vorgängerfirma 1911, seit 2017 „Koenig & Bauer Sheetfed AG & Co“) siedelten sich in den letzten Jahrzehnten u. a. wichtige Plakat- und Internetdruckereien sowie Dienstleister der Logistikbranche an.

Eingeschlossen von Unternehmen und nahe dem neunstöckigen in Skelettbauweise bis 1974 errichteten Gebäude von „Koenig & Bauer“ liegt am westlichen Ende der Stadt die Wohnsiedlung Weistropper Straße. Die über viel Grünflächen verfügenden zweigeschossigen Mehrfamilienhäuser wurden Ende der 1930er Jahre von hiesigen Siedlungsgesellschaften gebaut.

Auch diese Areale oberhalb der Bahntrasse an der Meißner Straße gehören bis zur Straße Am Jacobstein zu Naundorf. Rechts die Kleingartenanlage und das 1931 angelegte Weinbergstadion (Carl-Pfeiffer-Straße 5). Links davon die ab 2006 an der „Kaiserbrauerei“ (1878 eröffnet, 1910 geschlossen, Meißner Straße 318/320) neu entstandenen Wohnquartiere

Volkssternwarte „Adolph Diesterweg" (seit 1960/61) mit Observatoriums- und Planetariums-Kuppeln (Auf den Ebenbergen 10a). Als städtische Einrichtung war sie einst in den DDR-Astronomie-Unterricht integriert. Rechts dahinter die ab 1926 erbaute Siedlung Auf den Ebenbergen. Die Gebäude hinter dem Wald zählen bereits zu Kötzschenbroda-Oberort.

Der Kapellenweg trennt Naundorf vom östlich gelegenen Zitzschewig. Vorn rechts der Friedhof mit der 1907/08 errichteten Johanneskapelle. Jenseits der Straße die aus Presshaus und Herrenhaus bestehende „Bischofspresse" (Bischofsweg 1). Die Grundmauern des Kellers stammen von 1373. Hier stellte der Meißner Bischof Konrad II. (†1375) eine Weinpresse auf.

Zitzschewig – rund um Hohenhaus, Schloss Wettinhöhe und Rietzschkegrund

Sorbischen Ursprungs dürfte der Name Zitzschewig sein. 1366 trat er erstmals im Zusammenhang mit einem Weinberg als Czuczkewitz in Erscheinung (heutige Schreibweise seit 1762). Wahrscheinlich ist es eine Ableitung vom wendischen Personennamen Cizek (Zeisig). Ursprünglich im Besitz der Burggrafen von Dohna, teilten sich bis zum 15. Jahrhundert das Meißner Hochstift und die Dresdner Familie Kundige die Ländereien. Letztere verkaufte ihren Anteil (darauf wirtschafteten 14 Familien, bestehend aus 6 Halbhufnern und 8 Gärtnern) bis 1436 an den Dresdner Rat. 1547 werden 26 Weinberge wie Lachenberg, Zschotzkenberg, Kihnast, Hohenberge, Leithenberge und Barkenberge am Ort genannt. Im 15. Jahrhundert errichteten die Meißener Bischöfe auf dem Bischofsberg an der Barkengasse eine Sommerresidenz. Unter Johann Georg von Rechenberg (1610 – 1664) erfolgte der Umbau des Winzer-Anwesens zum herrschaftlichen Steinbau mit Renaissance-Giebel. Für die Qualität des Weines spricht, dass um 1630 der Rebensaft von Zitzschewig im Vergleich zu 18 Nachbargemeinden den Höchstpreis erzielte. Neben den Rebpflanzungen waren Ackerbau und Waldbewirtschaftung bedeutungsvoll. Einst umfasste das Dorf nur das heutige Alt-Zitzschewig – einen Rundplatz slawischer Gründung mit giebelständigen Häusern. Im Zentrum des Dorfplatzes befinden sich noch heute Gärten. Ein Gasthof ist seit 1479 bekannt, nach 1841 wurde die erste Schule gebaut, Vorher – seit 1783 nachweisbar – erteilte man Unterricht im „Armenhaus" (Meißner Straße 418). 1835 nahm die Gemeinde das „neue Chausseehaus" in Betrieb, in welchem bis 1885 die Chausseegeld-Einnahmestelle (Straßenbenutzungsgebühr, Meißner Straße 414) bestand. Das neben dem Hohenhaus beeindruckende Bauwerk „Schloss Wettinhöhe" entstand 1879/80 ursprünglich als Höhenluft- und Kurhotel. Dahinter wurden 1892/94 das „Männergenesungsheim Alt-Wettinhöhe" und 1897/99 das „Frauengenesungsheim Alt-Wettinhöhe" (später Teil der Heilstätte Lindenhof Coswig, 1967 bis 1993 Kreispflegeheim, ab 2003/05 Wohnanlage) eingerichtet. Seit 1902 existiert die Haltestelle Zitzschewig der Leipzig-Dresdner Eisenbahn, 1923 bekam der Ort Straßenbahnanschluss. Die 309 Hektar große Landgemeinde (zuletzt 1600 Einwohner) wurde 1923 mit Kötzschenbroda vereinigt. Von Wohneigentümern und Mietern besonders geschätzt sind die leichten Hanglagen, welche einen Blick ins Elbtal ermöglichen. In jüngerer Zeit stellte man deshalb Bebauungspläne für die Quartiere am Hausbergweg/Paulsbergweg, am Weidenweg und dem ehemaligen Weingut Hausberg auf.

Rechte Seite: Zitzschewig oberhalb der Meißner Straße. Rechts der Gerhart-Hauptmann-Straße erstreckt sich der mittelalterliche Ortskern der slawischen Gründung (Rundling) aus dem 11. Jahrhundert. Der Anger mit Gärten in der Mitte und denkmalgeschützten Zwei- und Dreiseithöfen, deren Giebel zum Platz hin orientiert sind, heißt seit 1924 Altzitzschewig.

Blick nach Osten. Von der Meißner Straße biegt die Coswiger Straße ab, welche unter dem Bahndamm nach Altnaundorf führt. Gut zu erkennen der seit 1902 existierende Haltepunkt der Deutschen Bahn. Hinter Altzitzschewig beiderseits der Straße erstrecken sich die Flächen der Baumschule Schumann, weiter östlich sieht man das große Dach eines Baumarktes.

Auf der Hangkante steht an einem Platz, der seit 1758 als „Wettins Höhe“ bekannt ist, „Schloss Wettinhöhe“. Der Gebäude-Mittelteil stammt von 1858, die Villa in heutiger Gestalt von 1879/80. Nach diversen Nutzungen dient sie seit 1998 Wohnzwecken. Im August 2020 wechselte das 17.000 Quadratmeter große Grundstück für 3,5 Millionen Euro den Besitzer.

Wohnquartiere zwischen Mittlerer Bergstraße, Huhlbergweg, Lachenweg mit Straßenbahntrasse Dresden – Weinböhla, der Meißner Straße und dem Bahndamm der Deutschen Bahn. Links in Bildmitte die Eckvilla Mittlere Bergstraße 44/Krapenbergweg mit achteckigem Turm und Eckerker (17. Jahrhundert, Umbau 1899) heißt „Haus Krapenburg".

Weinberg Krapenberg zwischen Kynastweg und dem an „Haus Krapenburg“ beginnenden Krapenbergweg. Hervorstechend die 1862 angelegte Talutanlage (40 mal 110 Meter groß) zum witterungsgeschützten Tafeltrauben-Anbau. Sechs bis zu drei Meter hohe Mauern in sechs Meter Abstand und nach Westen geneigte Verdachungen erzeugen ein günstiges Mikroklima.

Barkengasse 6 heißt die noble Adresse eines schlossartigen Gebäudes (hohes Walmdach, halbrunder Treppenturm nach Westen, Hauptportal bergseitig, Freitreppe mit Balkon zum Tal) mit 11 Hektar Park und Wald am Hang. Es zählt zu den ältesten Herrenhäusern der Lößnitz. Als frühester Besitzer des einstigen Weinberggrundstücks, das einst „Bischofsberg“ hieß, ist Bischof Konrad II. (†1375) bekannt. Unter anderem anhand der Kreuzgratgewölbe im Keller wird der Bau eines Winzerhauses etwa auf das Jahr 1550 datiert. Nach der Säkularisation gehörte ab 1657 der Oberhofmarschall und kursächsische Premierminister Freiherr Hans Georg von Rechenberg zu den wechselnden Hausherren. Ihm ist der Umbau im Renaissancestil zu verdanken. Ein berühmter Besitzer war ab 1699 auch der spätere Generalfeldmarschall und Kabinettsminister Jakob Heinrich von Flemming (1667 – 1728). Erst zum Anfang des 19. Jahrhunderts bürgerte sich der Name „Hohenhaus“ ein. Die jüngere Geschichte des Anwesens beginnt 1832 mit dem Erwerb durch Kaufmann Rudolf Thienemann (1786 – 1853). Dessen Neffe, der Berliner Wollgroßhändler Berthold Thienemann (1819 – 1880), gestaltete den Weinberg im Stil eines englischen Landschaftsparks (u. a. Plastiken, Muschelgrotte, Tempel, künstliche Ruine) und baute das Haupthaus um: Mit großem Speisesaal im Parterre, Billard-, Empfangs- und Jagdzimmer, Bibliothek und rotem Damast-Salon in der Beletage, mehreren Schlafzimmern im zweiten Stockwerk. Berthold Thienemanns Tochter Marie (1860 – 1940) heiratete am 5. Mai 1885 standesamtlich in Kötzschenbroda den späteren Literaturnobelpreisträger Gerhart Hauptmann (1862 – 1946). Dieser Vermählung waren bereits zwei Hochzeiten beider Familien vorausgegangen. Denn Maries Schwestern Adele (1858 – 1932) und Martha (1862 – 1939) hatten sich schon 1881 bzw. 1884 mit Gerharts Brüdern Georg Hauptmann (1853 – 1899) und Carl Hauptmann (1858 – 1921) vermählt. Generaloberarzt Dr. Walther Stechow (1852 – 1927) ließ als neuer Eigentümer ab 1885 Umbauten im Stil der Neorenaissance vornehmen, Treppenturm, Altan und Freitreppe anfügen. 1949/50 beherbergte das „Hohenhaus“ (das Hohe Haus) kurzzeitig das Hauptmann-Archiv. Von 1960 bis 2004 befand sich hier die Puppentheatersammlung der Staatlichen Kunstsammlungen Dresden. Heutiger Besitzer (seit 2003) ist das Hamburger Ehepaar Inge und Torsten Schmidt. Sie haben das Park- und Gebäudeensemble mit der wertvollen Gründerzeitausstattung im Inneren nicht nur aufwendig saniert, sondern öffnen das „Hohenhaus“ auch zu Führungen, Lesungen, Vorträgen und Gesprächen über Geschichte, Ethik und Kunst.

Von der Gerhart-Hauptmann-Straße zweigen auf Höhe der Straßenbahngleise links der Lachenweg und rechts der Bischofsweg ab. Östlich streben der Langenbergweg und die Untere Barkengasse gen Weinberg zur Mittleren Bergstraße. Zwischen den Rebflächen verläuft kaum sichtbar der vom „Hohenhaus“ kommende Zechsteinweg.

Links von Arealen mit Weinstöcken und Gewächshäusern der in den Rietzschkegrund mündende Hausbergweg. Westlich davon der Spitzgrundweg, welcher jenseits der Mittleren Bergstraße links vom Paulsbergweg den Elbtalhang erschließt. Kurz vor dem Ende der Bebauung steht als dominantes gelbes Gebäude am Hang das Herrenhaus vom einstigen Weingut Paulsberg.

Zwischen Hausbergweg und Paulsbergweg entsteht auf Flurstück 366a seit 2006 ein Wohngebiet mit Landhausvillen und Einfamilienhäusern. Viele Grundstücke wurden seit 1990 durch Sanierung, Anbauten wie Wintergärten, Garagen und Pools aufgewertet. Auch die Zahl der auf Dächern installierten Solaranlagen ist beeindruckend.

Viertel um das ehemalige Weingut Paulsberg (Paulsbergweg 21). Die denkmalgeschützte dreiflügelige Anlage am Eingang des Rietzschkegrundes wird auf 1853 datiert (Umbauten 1913). Östlich über der Straße (Paulsbergweg 32) eine Perle: Das 1890 errichtete Landhaus im Schweizerstil verfügt über einen Turm mit Haube, Knauf und Wetterfahne.

Einst Bettelgrund genannt, heißt die etwa 1,5 Kilometer lange Bergschlucht nach Lindenau seit 1897 Rietzschkegrund (altsorbisch recka für „kleiner Bach"). Am Bildrand unten – fast unter Bäumen verborgen (Rietzschkegrund 21) – das 1908 zum Atelierhaus erweiterte Anwesen des Malers und Fotografen Hofrat Ermenegildo Antonio Donadini (1847 – 1936).

Am Stadtrand zu Coswig stehen hinter dem Gleiskreuz der Deutschen Bahn ein Hotel und das 1994 als Großraumdisco für Techno-Fans und „modernster Tanztempel Europas“ eröffnete „Mega-Drome“ (heute Event-Location und Brauhaus). Jenseits der Bahnanlagen Richtung Dresden das LÖMA-Center u. a. mit einem großen Supermarkt nebst Parkfläche.

Niederlößnitz – das Villen-Paradies entlang der malerischen Elbhänge

Nur 84 Jahre lang dauerte die kommunale Selbständigkeit der Gemeinde Niederlößnitz, welche vor allem auf Kötzschenbrodaer Flur, jedoch auch Teilen von Naundorf und von Serkowitz, errichtet wurde. Grund war ein Streit um Privilegien und Zuständigkeiten. Für im 17. und 18. Jahrhundert inmitten der Rebhänge entstandene Herren- und Winzerhäuser wie „Haus Fliegenwedel", „Haus Minckwitz", „Wackerbarths Ruh'" oder „Alt- und Neufriedstein" war kirchlich und schulisch zwar Kötzschenbroda zuständig. Doch steuerlich unterstanden sie direkt dem Gerichtsamt Dresden und entrichteten in den Lößnitzortschaften keine Abgaben. Deshalb weigerten sich die Gemeinden, in denen die Weingüter und Herrensitze lagen, z. B. die Armenfürsorge für dessen notleidendes Gesinde und mittellose Alte zu übernehmen. Dies wurde zum Problem, als in den 1830er Jahren bereits 90 Häuser mit rund 400 Einwohnern bestanden. Um Bettelarme gemeinsam zu beköstigen und am Lößnitzgrund ein Armenhaus zu bauen, schlossen sich 1832 Weingüter zum „Niederlößnitzer Weinbergsverein" zusammen. Diesem „wohlhabenden Verein" wurden schnell weitere Lasten aufgebürdet. 1836 weigerte sich Kötzschenbroda, die Niederlößnitzer Kinder weiter zu unterrichten. Die Schulaufsichtsbehörde gründete den neuen Schulbezirk Niederlößnitz-Lindenau und der Verein musste ein Schulhaus (heute Winzerstraße 72) errichten. Infolgedessen wählten die Niederlößnitzer 1839 ihren eigenen Gemeinderat, gründeten die selbstständige Gemeinde Niederlößnitz. Allerdings dauerte die Auseinandersetzung um die Gemeindegrenzen weitere sieben Jahre. Wohlhabende Neubürger (1870 bereits über 1000 Einwohner) entwickelten Niederlößnitz zum prachtvollen Villenort mit großzügigen privaten Gärten und Parks. Dabei sank die Zahl der Weingüter zwischen 1830 und 1870 von 68 auf 33. Die im Zuge der Reblaus-Katastrophe später aufgegebenen Weinberge schufen weiteres Bauland, das bis zur Jahrhundertwende die Bevölkerung auf 4244 Einwohner ansteigen ließ. Solch reiche Gemeinde konnte kräftig in die Infrastruktur (öffentliche Straßenbeleuchtung 1886, Schulneubau 1870/71, erweitert und umgebaut bis 1908, Wasserwerk 1890, Rathaus 1895, Elektrifizierung der Straßenlaternen 1896) investieren. Gaststätten, Bildungs-, Gesundheits- und Wohlfahrtseinrichtungen steigerten die Lebensqualität. Störende Industrien hielt man bis auf Ausnahmen wie jene der „Sektkellerei Bussard" (gegründet 1836) fern. Lediglich die Pläne für einen eigenen Kirchenbau blieben unverwirklicht. 1923 erlagen die 4964 Einwohner dem jahrelangen Werben, bildeten unter Verlust der Eigenständigkeit mit den anderen Westgemeinden der Lößnitz die Großgemeinde Kötzschenbroda.

Rechte Seite: „Wackerbarths Ruh'" – das Schlossensemble am Fuße steiler Rebterrassen im Besitz des Freistaates Sachsen wurde 1999 zum ersten Erlebnisweingut Europas entwickelt. Zum Staatsweingut gehören heute 92 Hektar Rebfläche (15 Rebsorten) mit der Spitzenlage „Goldener Wagen". Die Jahresproduktion beträgt 600.000 Flaschen: 350.000 Wein, 250.000 klassischer Flaschengärsekt.

Wackerbarths Ruh' von Osten: Prachtvoll fügt sich das Barockpalais (Wackerbarthstraße 1) mit seinem Belvedere in die uralte Wein-Kulturlandschaft des Elbtals ein. Den Alterssitz ließ sich August Christoph Graf von Wackerbarth (1662 – 1734) in den Jahren 1727/31 von Landbaumeister Johann Christoph Knöffel (1686 – 1752) erbauen. Das Schloss mit elfachsiger Fensterfront ist ein langgestreckter zweigeschossiger Bau. Umgeben ist der noble Wohnsitz von einem Park und Wirtschaftsgebäuden. Vor dem Herrenhaus erstreckt sich Richtung Elbe eine dreiteilige Parkanlage mit Wasserbecken, seitlich von Lindenalleen gesäumt. Zum Berg hin steigt ein Terrassengarten

– flankiert von eingeschossigen Wirtschaftsbauten – mit Freitreppe zum Belvedere an. Diesem achteckigen Belvedere verleiht der Dachreiter mit Uhr einen kapellenartigen Charakter. Erbe des Besitzes war Wackerbarths Stiefsohn, Kabinettsminister Joseph Anton Gabaleon Graf von Wackerbarth-Salmour (1685 – 1761). Dessen Testament bestimmte die Versteigerung des Besitzes zugunsten Dresdner Witwen und Waisen. Nachfolgende Besitzer und Nutzer waren u. a. der Dresdner Bankier Christian Friedrich Freiherr von Gregory (1757 – 1834), wohl 1808 bis 1816, und ab 1824 der Urgroßneffe des Erbauers, Raugraf August Josef Ludwig von Wackerbarth (1770 – 1850), zwischenzeitlich die Erziehungsanstalt für Knaben von Carl Lang, 1834 bis 1845 die Heilanstalt für Geisteskranke von Gustav Bräunlich (1800 – 1875). 1875 ließ Adolf Freiherr von Tümpling (1842 – 1920) das Schloss von Baumeister Friedrich Louis Winkler aus Leipzig im Neorenaissancestil umgestalten. 1902 kam es durch Zwangsversteigerung in den Besitz von Ludwig Friedrich Matthis. Ihm folgten Alexander Schuster, die Sparkasse Oederan und der Coswiger Lackfabrikant Alfred Tiedemann. Letzterer ließ dem Anwesen durch Architekt Georg Heinsius von Mayenburg (1870 – 1930) wieder barockes Aussehen verleihen. Aus der Zwangsverwaltung ging alles in den Besitz des Bankhauses Gebrüder Arnhold über, 1931 an die Sächsische Staatsbank und 1933 an die Dresdner Bank. Am 8. Mai 1945 berieten im Haus die Funktionäre Kurt Fischer (1900 – 1950, KPD), Rudolf Friedrichs (1892 – 1947, SPD) und Hermann Matern (1893 – 1971, KPD) mit sowjetischen Offizieren die Ernährungslage der Bevölkerung. Danach residierte u. a. der Oberbefehlshaber der 1. Ukrainischen Front, Marschall Iwan Stephanowitsch Konew (1897 – 1973) im Schloss. Das 1952 entstandene Volkseigene Gut Weinbau „Lößnitz“ gestaltete wieder ein Weingut aus der Anlage. Heute befindet sich hier der Stammsitz des Sächsischen Staatsweingutes Schloss Wackerbarth.

Zwischen Schloss „Wackerbarths Ruh'“ und der Volkssternwarte „Adolph Diesterweg“ reckt sich auf einem Felsvorsprung seit 1742 der Weinbergpavillon Jacobstein. Hofböttgermeister Jacob Krause baute das Lusthäuschen als unterkellerten Rundbau (Natursteinmauer mit Schießscharten für Böller), von dem man bis zur Sächsischen Schweiz blickt.

Die massive Kuppel des Jacobsteins bekrönt ein 1,80 Meter hoher Bacchus mit Thyrsosstab (Kopie von 1953). Einem Gerücht zufolge, soll der Keller des Pavillons ab 1810 auch Ort alchemistischer Experimente gewesen sein. Damals kaufte Raugraf August Wackerbarth (1770 – 1850), ein den Geheimlehren verfallener Sonderling ohne Adelsprädikat, das Areal.

An der Hangkante des Elbtals befindet sich mit dem Berghaus Neufriedstein seit 1771/72 ein weit sichtbarer Bergpavillon, der auch „Mätressenschlösschen" oder „Friedsteinburg" genannt wird. Er verfügt über einen hohen fensterlosen Sandstein-Unterbau nebst talseitiger Treppenanlage und Umgang mit Balustrade. Auf diesem steht das achteckige Lusthaus mit links und rechts angesetzten rechteckigen Flügelbauten. Bauherr war Johann Gotthold Ehrlich, Sohn des Dresdner Kaufmanns, Ratsherren und Stifters Johann Georg Ehrlich (1676 – 1743). Der Vater erlangte sein Vermögen als Pächter u. a. des Dresdner Ratskellers, des Weißbierhauses sowie der Ratswaage,

machte sich 1743 durch Gründung einer Armen- und Schulstiftung, des „Ehrlichschen Gestifts", einen Namen. Zwischen 1727 und 1740 kauften Vater und Sohn einen mehrere Hektar großen Weinberg in der Lößnitz. Neben Schildberg und Wehlener Berg auch den historischen Weinberg Sandleithe. Nachdem Johann Gotthold Ehrlich Mitte der sechziger Jahre des 18. Jahrhunderts bei der erfolglosen Suche nach Silberadern von Bergleuten mehrere tiefe Stollen in den Hang treiben ließ, errichtete er um 1770 unterhalb der Weinberge das barocke Herrenhaus und spätere Pfarrtöchterheim (Neufriedstein 2). Ab 1771 baute Ehrlich dann das prächtige Lusthaus (Mohrenstraße 10), das mit Weinbergmotiven ausgemalt und einem zierlichen Rokokokamin ausgestattet ist. Dieses kam 1922 in den Besitz der Gemeinde Niederlößnitz und wurde 1923 von Großhandelskaufmann Karl Schmitz-Scholl jr. (1896 – 1969), der u. a. Geschäftsführer des Unternehmens Tengelmann war und hier bis 1942 wohnte, erworben. 1993 kaufte sein Großneffe Karl-Erivan Haub (geb. 1960, vermisst seit 7. April 2018 im Gletschergebiet von Zermatt), Geschäftsführender und persönlich haftender Gesellschafter der Unternehmensgruppe Tengelmann, den 21 652 Quadratmeter großen einstigen Besitz aus Verbundenheit zur Historie zurück und ließ ihn von seiner Ehefrau Katrin (geb. 1962) durch Architekt und Baumeister Herbert Jäckel (geb. 1923) denkmalgerecht sanieren. In diesem Zusammenhang wurden hinter dem Lusthaus eine neue Wohnvilla mit integriertem Swimmingpool errichtet, der Weinberg aufgerebt sowie ein Landschaftspark durch den renommierten Landschaftsarchitekten Dr. Bernhard Korte (geb. 1942) angelegt. 2001 erkannte man dem Park den 1. Preis des Sächsischen Garten- und Landschaftsbaus in der Kategorie „Private Hausgärten" zu. Im Neubau wohnte ab 2002 für einige Jahre Sachsens Alt-Ministerpräsident Kurt Biedenkopf (geb. 1930) mit Ehefrau Ingrid (geb. 1931). Die Erben von Karl-Erivan Haub führen den Besitz heute fort.

Blick von der vergitterten Aussichtsplattform des Berghauses Neufriedstein, welche das Mansardendach des Mittelbaus krönt, zum Elbtal. Oberhalb der Meißner Straße sind z. B. links das Weinbergstadion und im Zentrum der Luftaufnahme die Häuser „An der Kaiserbrauerei" zu erkennen. Die Jahreszahl 1717 in der Wetterfahne ist einem Zahlendreher zuzuschreiben.

Wohnquartiere rund um die Straße Am Jacobstein. Entlang des Prof.-Wilhelm-Rings entstand ab 1903 eine Villenkolonie. 1998 wurde hier auch das Altenpflegeheim „Neufriedstein“ der Diakonie errichtet. Unter den denkmalgeschützten Gebäuden ragt besonders die eingeschossige Villa Prof.-Wilhelm-Ring 26 von 1908 mit polygonalem Eckturm (links) heraus.

Die typische Bebauung der Niederlößnitz zeigt sich oberhalb des unbenannten Platzes mit kleiner grüner Insel, an den die Straßen Am Jacobstein, Neufriedstein, Am Bornberge bzw. Winzerstraße grenzen und welcher von der dem Hang zustrebenden Ludwig-Richter-Allee durchquert wird. Historische Gebäude wechseln sich harmonisch mit nach 1990 entstandenen ab.

Dieser Blickwinkel umschließt ober- und unterhalb der Winzerstraße (Name seit 1905, Teil der alten Salzstraße) z. B. folgende Straßenzüge: Lindenaustraße, Käthe-Kollwitz-Straße, Am Heiteren Blick, Moritzburger Straße. Zu den ältesten Bauten zählt „Haus Lotter" an der Winzerstraße 83. Gebäudeteile gehen bei diesem Winzerhaus auf das Jahr um 1580 zurück.

Radebeuls Stadtteil Niederlößnitz unterhalb von Wasserturm, Friedensburg und Minckwitzschem Weinberg. Die Moritzburger Straße macht an der Kreuzung Winzerstraße einen „Knick“ und führt durch ein Seitental nach Lindenau bzw. Kötzschenbroda-Oberort. In nördlicher Verlängerung heißt die Moritzburger Straße seit etwa 1875 Karlstraße.

Ehemalige Sektkellerei „Bussard" (Moritzburger Straße 44) mit dem Rebhang davor. Sie ist heute eine Wohnanlage. Der zweigeschossige Dreiflügelbau (115 Meter langer Keller) wurde um 1830 errichtet, der Dachreiter stammt von 1910. Im Jahre 1836 gründeten hier drei Bürger die „Fabrik für moussierende Weine", später „Champagnerfabrik Niederlößnitz".

Rechte Seite: Diese burgenartige Villa im Tudorstil (Moritzburger Straße 51) mit weitläufigem Park am Hang des Leimgrundes ist als „Mohrenhaus" bekannt. Um 1850 entstand der Kernbau, 1876/77 der Wintergarten. Grundlegende Um- und Ausbauten erfolgten 1910. Der Deutsche Kinderschutzbund betreibt hier ein offenes Kinder- und Jugendhaus mit Kindertagesstätte.

Häuser an der Blumenstraße (Straßenname seit 1891), Oberen Bergstraße (um 1600 „Hohe Gasse", später diverse Namen), Bodelschwinghstraße (Name seit 1945, vorher ab 1893 Mathildenstraße) und Burgstraße (seit 1905). Nach der Reblauskatastrophe um 1885 wurde auch in diesem Areal begonnen, statt Weinberge komplett neue Straßenzüge zu errichten.

Ein Wahrzeichen der Stadt ist die mit Mauerzinnen und Turm im Stil mittelalterlicher Wehranlagen neogotisch konzipierte Friedensburg (Obere Burgstraße 6) mit 7952 Quadratmeter Grundstücksfläche oberhalb der Niederlößnitzer Weinberge. 209 Meter über dem Meeresspiegel steht das weithin sichtbare, mehrgeschossige Gebäude zwischen dem 1916/17 errichteten Wasserturm und dem Berghaus Minckwitz von 1729 an der Elbtal-Hangkante. Auf dem Baugrund der Friedensburg stand ein Winzerhaus mit Ausschank aus dem 17. Jahrhundert,

das 1868 teilweise abbrannte. 1870/71 beauftragte Weinbergsbesitzer Ernst Louis Gießmann die renommierte örtliche Baufirma Gebrüder Ziller, ein Restaurant als Putzbau mit Ziegelstein- und Sandsteingliederungen zu errichten, welches man 1895 durch den Hotelbetrieb ergänzte. Die Holzveranda mit Rundbogen-Fachwerk ist ein Anbau von 1896. Der Name Friedensburg erinnert an den zur Beendigung des Deutsch-Französischen Krieges zu Frankfurt am Main am 10. Mai 1871 geschlossenen Friedensvertrag. Kronprinz Albert von Sachsen (1828 – 1902) – der erste nichtpreußische Generalfeldmarschall des Deutschen Reiches (ab 1871) und König von Sachsen (ab 1873) – hatte sich mit dem I. Königlich Sächsischen Armee-Korps in der Schlacht von St. Privat und als Kommandeur der Maasarmee (4. Armee) bei Beaumont bewährt. Das in vergangenen Zeiten mehrfach auf der Seite der Verlierer stehende Sachsen gehörte als Mitglied des Norddeutschen Bundes plötzlich zu den Siegern, was sich lange in der Erinnerungskultur des Volkes niederschlug. Seit 1914 im Besitz von Gustav Wilhelm Stübner und dessen Familie, wurde das Anwesen 1961 an die DDR-Handelsorganisation (HO) verpachtet und musste vom Besitzer 1970 an den VEB Polygraph Druckmaschinenwerke Planeta verkauft werden, der die Immobilie 1977 an den VEB Baumechanisierung Halle veräußerte. Einer juristisch umstrittenen Privatisierung durch die Treuhand im Jahre 1990 folgte 1993 die Schließung des Restaurantbetriebs. 2003 wechselte der Eigentümer erneut, erfolgte die über 1,4 Mio. Euro teure Sanierung des denkmalgeschützten Ensembles zum luxuriösen Wohnobjekt. Nach Zwangsversteigerung 2014 ist der Unternehmer Oliver Kreider (geb. 1966) Eigentümer der Immobilie. Der angrenzende Weinberg, in welchem bis 2008 etwa 2000 Quadratmeter Stützmauern neu gesetzt und Rebstöcke der Sorten Riesling, Spätburgunder, Gutedel und Traminer gepflanzt wurden, gehört der Stadt Radebeul. Er wird vom städtischen Weingut Hoflößnitz bewirtschaftet. Die Weinbergstreppe ist öffentlich und soll einen Durchlass zur Oberen Burgstraße erhalten.

Von Nordost gewinnt man einen Eindruck von der Struktur, den heutigen Außenanlagen und späteren Anbauten der Friedensburg. An der Ostseite der zweigeschossige, palasartige Teil mit Zinnenkranz und runden Ecktürmen. In der Mitte der dreigeschossige, quadratische Turm mit Zahnschnitt, Zinnenkranz und Fahnenmast. Die Westseite ist schlichter gehalten.

Vogelschau über die Siedlung Obere Burgstraße, Höhenweg und Finstere Gasse. Besonders gut ist zu erkennen, dass die Friedensburg auf einem von der Natur sehr bevorzugten Platz direkt an der Elbtal-Hangkante errichtet wurde. Im Hintergrund, auf das große Waldstück folgend, sind die auf der Hochebene gelegenen Ortsteile Kötzschenbroda-Oberort und Lindenau zu sehen.

Quartiere oberhalb der Heinrich-Zille-Straße links und rechts des Ledenwegs mit den drei nebeneinanderstehenden Denkmalen Ledenweg 13 (erbaut 1891) sowie Heinrich-Zille-Straße 66 (erbaut 1888) und 68 (erbaut 1889). In der zweiten Reihe erhielten sich großzügige Gartenflächen. Diese machen bis heute den Charakter der Gartenstadt Radebeul aus.

Links der Winzerstraße an einem Eckgrundstück (Ledenweg 35) die Grundschule Niederlößnitz. Der zweigeschossige Putzbau mit Schieferdach stammt von 1890, die Turnhalle dahinter von 1900. Leider wird der Dachreiter mit Uhr und Glocke von einem Baum verdeckt. Der Übergang führt zum 1905 errichteten Erweiterungsbau.

Wo 1880 noch Weinberge die Landschaft prägten, befinden sich oberhalb der Heinrich-Zille-Straße entlang Thomas-Mann-Straße, Hoher Straße und Johannesstraße bevorzugte Wohnlagen. Lediglich die vom Staatsweingut Schloss Wackerbarth bewirtschaftete Rebfläche zwischen Winzerstraße und Oberer Bergstraße, auf welche die Johannesstraße zustrebt, erinnert daran.

Minckwitzscher Weinberg (Obere Bergstraße 30, 30a, 30b) heißt das Ensemble, dessen als Lusthaus erbautes Weinberghaus an der Bergkante (von 1729) zu den wichtigen und weithin sichtbaren Landmarken Radebeuls zählt. Bereits 1407 tauchten im Stadtbuch zu Dresden Weinberge namens „Altenberg" und „Tasche" zwischen Winzerstraße, Finsterer Gasse und Gemssteig u. a. als Besitz des Hans Müntzmeister auf. Im Laufe der Jahrhunderte gehörte der Berg diversen Grundherren, darunter einem kurfürstlichen Leibarzt. 1704 erbte der Dresdner

Advokat Dr. Caspar Christian Kober (1663 – 1738) das Anwesen und kaufte weitere Rebhänge. 1713 ließ er alles durch eine rund 1000 Meter lange und bis zu drei Meter hohe Mauer einfrieden. Im gleichen Jahr entstand laut der Kobers Initialen „DCCK" tragenden Wetterfahne der „Niedere Pavillon", ein achteckiger verputzter Fachwerkbau auf halber Höhe. 1714 wurde das zweigeschossige Herrenhaus mit sieben Fensterachsen und Portal (Zwerchhaus im Dach, Fledermausgauben, rechts zweigeschossige Veranda) an der Oberen Bergstraße im Barockstil vollendet. Hinter dem Herrenhaus existiert ein Park mit Alleen. Wer den Torbogen des Weingutes durchschritt, stieß auf die Eingangshalle, von welcher im Erdgeschoss der Pressraum mit Weinpresse sowie der Weinkeller darunter erreichbar waren. Das Obergeschoss beherbergte die Sommerwohnung des Besitzers. Westlich baute man 1877 die Remise (im Erdgeschoss auf Pfeilern drei stichbogenartige Arkaden) an. Daran fügt sich ein zweigeschossiger Bau. 1727 von Kober eingeschossig konzipiert, erhielt er 1877 sein Obergeschoss. An diesen schmiegt sich noch ein eingeschossiges Wohnhaus. Ab 1827 stellte in dem Weingut Henning August von Bredow (†1832) Schaumweine aus Lößnitztrauben her. Um 1850 verfügte man über 3,84 Hektar Fläche, auf dem auch ein 41 Meter langes Wein-Treibhaus (teilweise als Orangerie genutzt) stand. Seit 1853 besitzt und bewohnt Familie von Minckwitz das Anwesen. Die mit dem Geheimen Rat und Kammerherrn Friedrich August von Minckwitz (1817 – 1892) vermählte Henriette geb. Freiin von Vierhuff (1824 – 1887) kaufte Weinberge hinzu und ließ 1877 Umbauten vornehmen. Wichtig für den Erhalt des Ensembles waren auch der Königlich Sächsische Kammerherr Hans Friedrich von Minckwitz (1849 – 1929) und seine Gemahlin Elisabeth geb. Gräfin zu Münster (1872 – 1953). 1,2 Hektar Weinberg mussten 1986 an die Winzergenossenschaft Meißen abgegeben werden, welche die Steillage durch 10 Winzer aufreben ließ. Ab 1987 sanierte Wolfram von Minckwitz (geb. 1934) unter Einsatz erheblicher finanzieller Mittel das Weinberghaus in alter Pracht, wofür die Bauherrschaft 1997 den Radebeuler Bauherrenpreis erhielt.

Links: Das auch „Oberes Lusthaus" oder „Belvedere" genannte Minckwitzsche Weinberghaus ist ein zweigeschossiger Pavillon auf quadratischem Grundriss mit Zeltdach. Zum Festsaal im Obergeschoss führt eine Freitreppe. Das Untergeschoss ziert ein Tonnengewölbe mit Steinbänken. Heutige Besitzerin ist Marie-Christine von Schönberg-Minckwitz (geb. 1988).

Blick von Norden entlang der Dr.-Rudolf-Friedrichs-Straße über die Winzerstraße zum Rosa-Luxemburg-Platz mit dem alten Rathaus von Niederlößnitz. In den Platz münden nördlich die Alfred-Naumann-Straße und die Karl-Liebknecht-Straße. Im Süden wird er von der Heinrich-Zille-Straße begrenzt. Auf der anderen Elbseite: Cossebaude und Niederwartha.

Kreuzung Dr.-Rudolf-Friedrichs-Straße/Winzerstraße. Hangwärts nach Norden verläuft die Humboldtstraße, von welcher nach links die Robert-Koch-Straße und nach rechts die Stosch-Sarrasani-Straße abgehen. Die Humboldtstraße grenzt an die Obere Bergstraße. Über dieser reicht noch einige hundert Meter die Terrassenstraße in die Weinberge hinein.

Niederlößnitz oberhalb der Meißner Straße. Im Vordergrund die Borstraße, von der die Wilhelmstraße direkt den Rosa-Luxemburg-Platz erreicht. Weitere von der Borstraße abgehende Straßen in westlicher Richtung: Magdalenenstraße, Heinrichstraße und die Dr.-Külz-Straße, welche Meißner Straße und Stosch-Sarrasani-Straße verbindet.

Inmitten des Wohngebietes integriert sich südlich der Heinrich-Zille-Straße ein von Dr.-Külz-Straße, Borstraße und Zillerstraße begrenztes Areal, das neben Ein- und Mehrfamilienhäusern von Einrichtungen der Diakonissenanstalt Dresden (u. a. Altenpflegeeinrichtung) und dem Elblandklinikum Radebeul dominiert wird.

Das dem Kreis Meißen unterstehende Elblandklinikum Radebeul (315 Betten, ca. 490 Mitarbeiter) von Osten und angrenzende Häuser. Ursprung des Klinikums – in der Nähe befinden sich auch Facharztpraxen – war die 1849 an der Heinrich-Zille-Straße 13a eröffnete „Krankenanstalt zu Niederlößnitz“. 1991/93 entstand der dreigeschossige Zentralbau.

Vor allem dem komfortablen Wohnen mit viel Grün vorbehaltenes Areal zwischen Zillerstraße und Körnerweg: In der Mitte liegt die bis zur Paradiesstraße führende Schweizerstraße. Rechts im Luftbild der Ortsteil Oberlößnitz mit den steilen Rebterrassen, der Jahrestreppe sowie Bismarckturm und Spitzhaus an der Hangkante.

Meißner Straße 152 ist die Adresse der Landesbühnen Sachsen. Seit Gründung 1945 als Reisetheater konzipiert, zog die wichtige sächsische Kulturinstitution 1950 in den Gasthof „Goldene Weintraube". 2000/01 finanzierte der Freistaat den modernen Umbau des Stammhauses (Theatersaal 410 Plätze, zusätzlich eine Studiobühne, Fuhrpark, Werkstätten).

Während links die an der Meißner Straße beginnende Schuchstraße an der Winzerstraße endet, windet sich die Paradiesstraße weiter den Hang hinauf. Östlich biegt die Straße An der Jägermühle Richtung Lößnitzgrundbahn ab. Teile der Straße gehören schon zu Oberlößnitz, wie auch Teile des Mühlweges jenseits der Kleinbahn-Strecke (rechts).

Als Farbtupfer mit grünen Jalousien befindet sich neben dem Sportplatz zwischen Stosch-Sarrasani-Straße und Zillerstraße der Neubau des Gymnasiums Luisenstift (Altbau von Bäumen verdeckt). Dieser geht auf eine 1857 in Tharandt gegründete Einrichtung zurück, die im Niederlößnitzer Schulbau (heute Straße der Jugend 3) 1870 den Unterrichtsbetrieb für „höhere Töchter" aufnahm.

Rechts schlängelt sich die Jägerhofstraße mit ihren denkmalgeschützten alten und modernen Villen nach Kötzschenbroda-Oberort. Links die Straße Auf den Bergen mit der 1894 für den Bankier Joseph Goldschmidt errichteten dreistöckigen Villa (Auf den Bergen 9). Der benachbarte Rebhang „Paradies" zählt zu den bevorzugten Lagen für köstliche Weine.

Viele historische sowie moderne Villen und Mietshäuser finden sich an der Paradiesstraße. 13 Immobilien stehen hier unter Denkmalschutz. Zu diesen Bauten zählt die „Villa Waldhof“ (7 Achsen, Holzveranda und Austritt) von 1862 mit Anklängen an den Schweizerstil (Paradiesstraße 46) links der Straße An der Jägermühle (an dieser Stelle bereits Oberlößnitz).

Kötzschenbroda-Oberort – Meereswellenbad und Wohnen auf der Höhe

Als eine politisch-geografische Hilfskonstruktion auf Gemeindeebene bürgerte sich um 1850 der Begriff des Ortsteils Kötzschenbroda-Oberort ein. Kötzschenbroda, dessen Ursprung um die Friedenskirche nahe der Elbe liegt, erstreckte sich schon seit frühen Tagen über die Hangkante des Elbtales hinweg bis auf die Hochebene. Aus der Zeit um 1470 ist beispielsweise bekannt, dass die Gemeinde vier wüste Hufen nahe Lindenau hinzukaufte. Ein Grund mag gewesen sein, dass durch die Elb-Hochwasser regelmäßig Abtragungsverluste der meist als Ackerland genutzten Unterflur zu verzeichnen waren. So stellte sich hinsichtlich des Erwerbs neuer Flächen die Ausdehnung auf der für Weinbau und Waldhutung genutzten Oberflur als einzige Alternative dar. Als alles determinierende Zäsur in der Geschichte Kötzschenbrodas erwies sich im 19. Jahrhundert die Bildung von Niederlößnitz. Dabei erlangte nicht nur ein flächenmäßig gewichtiger Teil seine Selbstständigkeit und nabelte sich als eigene Kommune ab. Die zentrale Lage von Niederlößnitz riss um 1850 Kötzschenbroda auseinander. Fortan bestand der Lößnitzort aus dem elbnahen unteren und jenem auf dem Hochplateau gelegenen oberen Teil, den man auch Ober-Kötzschenbroda nannte. Solange Kötzschenbroda-Oberort nahezu unbewohnt war, bereitete der Umstand wenig Sorgen, dass es keine verbindende Flur gab. Mit fortschreitender Siedlungstätigkeit vertieften sich jedoch die Probleme. Um den Kindern den langen Weg ins Tal zu ersparen, erhielten sie zuerst Unterricht in einem Privathaus am Kreyernweg. 1902 wurde für 36.000 Mark die „Volksschule Kötzschenbroda-Oberort" am sogenannten Sauplatz (heute Neuländer Straße 34) zweigeschossig errichtet. Wichtig war auch die Eröffnung des „Bilz-Licht-Luftbades" durch Naturheiler Friedrich Eduard Bilz (1848 – 1922) im Jahre 1905. Später erhöhte er die Attraktivität seiner Einrichtung durch ein Badebecken mit künstlichen Meereswellen. Allerdings wurde die räumliche Ausdehnung des Badegebietes in den Waldpark und vor allem die aus Gründen der Sittlichkeit behördlicherseits verfügte Umfriedung als Zumutung empfunden. Insgesamt steigende Einwohnerzahlen bevölkerten auch Kötzschenbroda-Oberort, welcher die kleine Gemeinde Lindenau fast vollständig umschloss und damit dessen weitere Entwicklung behinderte. Regelrechte Stadthäuser in der eher agrarisch geprägten Region entstanden in den Jahren 1881 bis 1899 z. B. an der Moritzburger Straße 89 und 91. Seit der zweiten Hälfte des 20. Jahrhunderts ist zu verzeichnen, dass Flurgrenzen eine immer geringere Rolle spielen. Viele Radebeuler, die heute in Kötzschenbroda-Oberort wohnen, empfinden sich deshalb als Lindenauer.

Rechte Seite: Nahe dem 1908 in „König-Friedrich-August-Höhe" umbenannten Aussichtspunkt eines Flurstückes von Kötzschenbroda baute die Gemeinde Niederlößnitz 1916/17 nach Plänen der Architekten Richard Müller (1877 – 1930) und Richard Schleinitz (1861 – 1916) den 38,95 Meter hohen Stahlbeton-Wasserturm (für 350 Kubikmeter Trinkwasser). Die Sanierung erfolgte 1996/97.

Über den Weinbergen reckt sich der wegen Beteiligung französischer Kriegsgefangener am Bau auch „Franzosenturm" genannte Wasserturm. Hinter dem Waldpark liegt Kötzschenbroda-Oberort. Dieser umschließt bis auf die an Naundorf grenzenden Felder westlich der Straße Altlindenau den Stadtteil Lindenau, der auf ein etwa 800 Jahre altes Ackerhäuslerdorf zurückgeht.

Links im Lößnitzgrund die Meierei. Schon 1547 erwähnt, richteten die Gebrüder Ziller in dieser Mühle 1881 eine Gaststätte ein, die sich als Ausflugslokal bis 1976 großer Beliebtheit erfreute (heute Wohnhaus). Lange – wie die gegenüber und dahinterliegenden Grundstücke – auf Reichenberger Flur gelegen, gehört sie seit Mitte der 1990er Jahre zur Stadt Radebeul.

Bilz-Bad (Meiereiweg 108) mit Badebecken, Eingangsbereich und Gaststätte. 1905 kaufte der durch sein naturheilkundliches Nachschlagewerk bekannte Heiler Friedrich Eduard Bilz westlich des Lößnitzgrundes ein 90.000 qm großes Areal für sein Licht-Luft-Bad, das später auf 300.000 qm ausgedehnt und 1912 durch die Undosa-Wellenanlage erweitert wurde.

Im Vordergrund hinter den letzten Parzellen des Bilz-Bades der Buchholzweg, von dem (von links) Wahnsdorfer Weg, Neuländer Straße und August-Kaden-Straße in westliche Richtung führen. Bis heute ist Kötzschenbroda-Oberort auf dem Hochplateau über dem Elbtal von Wald umgeben, verfügen die Ein- und Mehrfamilienhäuser über Gärten am Haus.

Südlicher Teil des an der Jägerhofstraße endenden Buchholzweges. Über der Kreuzung zum Elbtal hin verläuft die an der Friedensburg endende Obere Burgstraße. In westliche Richtung geht der Wahnsdorfer Weg vom Buchholzweg ab, der jenseits der Jägerhofstraße als Sonnenleite (nur oberer Teil sichtbar) am Waldpark in die Moritzburger Straße mündet.

Kreuzung Obere Burgstraße, Jägerhofstraße und Buchholzweg. Vorn im Foto zweigt die Finstere Gasse von der Oberen Burgstraße ab. Westlich der Kreuzung führt der Kiesgrubenweg zum Waldpark.

In den letzten 20 Jahren entstanden hier zahlreiche neue Einfamilien- und Mehrfamilienhäuser, ergänzen eindrucksvoll die bisherige Bebauung.

Wohngebiet Jägerhofstraße, Neuländer Straße, Andreas-Hofer-Straße und August-Kaden-Straße in Richtung Osten. Als Seitental des Dresdner Elbtalkessels erstreckt sich dahinter der bewaldete Lößnitzgrund. Weiter östlich auf dem folgenden Hochplateau erkennt man Dächer und Gebäude vom Radebeuler Stadtteil Wahnsdorf.

Neuländer Straße (links) und Jägerhofstraße mit Blickrichtung westwärts. Im Vordergrund links die Plattform-Dächer der ehemaligen „Volksschule Kötzschenbroda-Oberort". Der villenähnliche, zweigeschossige, rotgetünchte Bau – ehemals mit Zwiebeltürmchen und Wetterfahne ausgestattet – beherbergt heute u. a. eine Wohnanlage und eine Tagespflege.

Elbtal-Panorama mit der sich nach Kötzschenbroda-Oberort und Lindenau windenden Moritzburger Straße im Vordergrund. Von dieser gehen westlich die Straße An den Brunnen und der zur Ringstraße führende Kreyernweg ab. An der Kreuzung das „Landhotel Lindenau". Nach 1992 entstand die Mehrfamilienhaus-Siedlung Auf den Kottenbergen.

Lindenau – wo die „Lößnitzburg“ steht, der „Friesenhof“ Pferdefreunde lockt

An der Sonnenleite beginnt als schmaler Streifen rechts der Moritzburger Straße eine Ortschaft, die sich An der Juchhöh etwas und hinter der Jägerhofstraße merklich verbreitert – Lindenau! Am 4. Oktober 1287 erstmals als „Lindenowe“ (lindenreiche Aue) erwähnt, war Lindenau mit 33 Hektar Fläche im Jahre 1900 die kleinste der Lößnitz-Gemeinden. Richtung Friedewald in einer Senke der Hochebene gelegen, ist sie bis auf ein Grenzstück zu Naundorf von Kötzschenbroda-Oberort umschlossen. Womöglich war das Gassendorf – dessen Kern die heutige Straße Altlindenau bildete – eine Gründung der Burggrafen von Dohna. Kirchlich gehörte man seit 1539 zu Kötzschenbroda. 1639 ist erstmals die „Alte Schenke“ (später „Gasthof Lindenau“, heute „Friesenhof“) erwähnt.

Jahrhundertelang bestand das Dorf aus einer Gasse: Es begann mit den Hasse'schen und Kuhn'schen Gütern (das 1894 in Altlindenau 2 entstandene Transportunternehmen Hasse existiert bis heute) und endete mit dem Sempert'schen Grundstück. An der Gasse gab es das Gemeindehirtenhaus und wohl auch eine Badstube. Für 17 der 19 Pest-Toten von 1680 wurde am Steinbergweg ein Pestfriedhof angelegt. Erst 1883 gönnte man sich ein Schulhaus (Kreuzung Altlindenau / Jägerhofstraße). Neben Gärten, Wiesen, Feldern und Wald bestimmten die auf den Südhängen der Lindenauer Berge gelegenen Rebflächen mit Weinberghäusern das Ortsbild. Von 15 Höfen der Frühzeit war das Dorf bis zum 16. Jahrhundert auf nur 22 angewachsen. Vom prosperierenden Elbtal entfernt und nur durch den Dürrkittelgasse oder Viehweg genannten Hohlweg ab dem Mohrenhaus zu erreichen, dazu mit schlechten Böden ausgestattet, galt Lindenau als Armenhaus der Lößnitz. Die Bewohner verdingten sich als Arbeiter in Weinbergen und bei der Feldarbeit. Als Lindenau 1839 freie Landgemeinde wurde, zählte man etwa 200 Einwohner. Laut Brandkataster existierten 1856 genau 156 Gebäude: 38 Wohnhäuser, wovon 22 mit Stroh, 1 mit Holzschindeln und 15 mit Ziegeln gedeckt waren. Daneben 118 Wirtschaftsgebäude. Gegen Ende des 19. Jahrhunderts erfuhr die Gemeinde auf der Flur von Kötzschenbroda-Oberort eine Vergrößerung am 1897 entstandenen Kreyernweg, am Jagdweg (seit 1925 Jägerhofstraße), an der 1897 angelegten Ringstraße und an der Moritzburger Straße (Name seit 1865 üblich). Auch Auswärtige kauften hier Grundbesitz. Einwohner dieser Straßen wurden fortan kommunal zu Lindenau gezählt. Ihre Grundstücke verblieben jedoch auf der Flur Kötzschenbroda-Oberort. Die Einwohnerzahl hatte sich von 263 im Jahre 1871 auf 704 am Tag der Eingemeindung in die Landgemeinde Kötzschenbroda, dem 1. Januar 1920, erhöht.

Linke Seite: Das Gassendorf Lindenau entspricht der heutigen Straße Altlindenau (Name seit 1925), welche hinter der Jägerhofstraße in nördliche Richtung (nächster Ort Friedewald) führt. Die Bauernhöfe mit den Nummern 18, 20, 24, 26, 28, 33 stehen unter Denkmalschutz. Wohl zwischen 1847 und 1898 erbaut, ersetzten sie bei Bränden vernichtete Wohnstallhäuser.

In Dorfmitte (Altlindenau 16) bestand der „als ältestes Weingut der Lößnitzhöhen" schon 1639 erwähnte „Gasthof Lindenau", der nach wechselvoller Geschichte 1986 abgerissen wurde. Seit 1998 schuf die traditionsreiche Radebeuler Konditorenfamilie Dolze hier mit dem „Friesenhof" eine Pferdezucht, brachte auch Gaststätte und Pension zu neuer Blüte.

Wohnareale östlich der Moritzburger Straße zwischen Jägerhofstraße, An der Juchhöh und Neuländer Straße. Im Vordergrund das Gerätehaus der Freiwilligen Feuerwehr Radebeul-Lindenau für das Tragkraftspritzenfahrzeug. 1921 gegründet und im Mai 1945 aufgelöst, wurde die Feuerwehr-Tradition ab 1956 wiederbelebt (seit 1992 kommunale Trägerschaft).

Wohnbebauung an der Kottenleite. Eigentlich Kötzschenbroda-Oberort, gehören verschiedene Grundstücke zu Lindenau. Der markante weiße Bau an der Ringstraße 8 ist die ehemalige Gaststätte „Lößnitzburg". 1899 erwarb Schneidermeister Franz Josef Jahnel von Konsul O. Harlan aus Niederlößnitz dafür die Parzelle Nr. 4116c der Gemeinde Lindenau.

Serkowitz – Platzgassendorf zwischen Elbaue und Villen am Lößnitzbach

Wohl auf fränkische Kolonisten zurückgehend und nahe einer Elbefurt am Unterlauf des Lößnitzbaches angelegt, mag die Gründung des kurzen Breitgassendorfes Serkowitz im 12. Jahrhundert erfolgt sein. 1315 wird es erstmals in einer Urkunde von Markgraf Friedrich (1257 – 1323) als Cerakuicz erwähnt. Dieser übertrug das heute nicht mehr lokalisierbare Vorwerk dem Nonnenkloster Seußlitz. Der Name sorbischen Ursprungs könnte an „cerka“ (Kirche, Missionsarbeit) hindeuten bzw. dem Dorfgründer oder Sippenältesten entlehnt sein. 1337 vermachte der Meißner Burggraf Friedrich den Ort samt uralter Wassermühle (Altserkowitz 13) am Lößnitzbach, dem Schankhaus und Feldern dem Hochstift zu Meißen (bis 1539 in dessen Besitz). Verwaltungstechnisch unterstand Serkowitz dem Amt Dresden, wohin teilweise auch Abgaben (an Hospital und Augustinerkloster) erfolgten. 1530 kaufte der Dresdner Rat den gewinnbringenden Gasthof an der alten Meißner Post- und Landstraße (heute Kötzschenbrodaer Straße). 1547 taucht das Fährgut erstmals in einer Urkunde auf. Von einst 12 Gehöften mit 10 Hufen Acker war das Dorf zur Mitte des 16. Jahrhunderts auf 18 Höfe mit 12 Hufen angewachsen. Das älteste Gemeindesiegel von 1737 zeigt eine herabhängende Weintraube – Beweis für den seit dem 14. Jahrhundert betriebenen Weinbau. Ein für Sachsens Geschichte vielleicht entscheidendes Ereignis trug sich am 18. Oktober 1784 unweit des Gasthofes Serkowitz zu: Kurfürst Friedrich August der Gerechte (1750 – 1827, ab 1806 König Friedrich August I.), näherte sich mit einer Jagdgesellschaft – zu dieser gehörte auch der spätere König Anton (1755 – 1836) – einem von der Elbe gefährlich unterspülten und von Einsturz bedrohten Stück der Straße. Zwei Bäuerinnen hielten die Kutsche an und verhinderten so womöglich ein Unglück für das Haus Wettin. Beide Sächsinnen erhielten eine lebenslange Rente vom Kurfürsten. 100 Jahre später stellten Patrioten an der Rettungsstelle einen Gedenkstein („Weiberstein“ oder „Wettinstein“) auf. Der massive Sandsteinquader wurde 1989 restauriert und oberhalb der Straße postiert. Die Verbindungsstraße zwischen Dresden und Meißen verlegte man bereits 1785 / 88 hangwärts an die Stelle der heutigen Meißner Straße und errichtete an ihr 1789 den Gasthof „Weißes Roß“. Im 19. Jahrhundert wurde Serkowitz freie Landgemeinde (1839), erhielt den Eisenbahn-Haltepunkt „Weintraube“ (1838), die erste Fabrik (1870), eine Dampferanlegestelle (1872) und eine Schule (1875). Mit dem Anstieg der Bevölkerung begann der Bau von Mietshäusern und Villen. 1905 gemeindete man das 1,83 Quadratkilometer große Serkowitz mit seinen über 2800 Einwohnern nach Radebeul ein.

Rechte Seite: Südlich des Serkowitzer Dorfkerns tritt der unter Altserkowitz kanalisierte Lößnitzbach wieder zu Tage. Acht historische Bauernhöfe (erbaut ab 1714, meist 19. Jahrhundert) stehen hier unter Denkmalschutz. An der Kötzschenbrodaer Straße befindet sich der bereits 1337 erwähnte Gasthof Serkowitz, welcher seit 2012 das „Lügenmuseum“ beherbergt.

Links der Weintraubenstraße der 1911 gegründete Kleingartenverein „Elblößnitz e. V.“ mit ca. 150 Parzellen (120 bis 400 Quadratmeter groß). Rechts ein großer Supermarkt mit Parkplatz und einer Tankstelle an der Ecke Weintraubenstraße/Kötzschenbrodaer Straße. Östlich davon gläserne Gewächshäuser eines Gartenbaubetriebes

Strecke der Deutschen Bahn mit dem Haltepunkt Radebeul-Weintraube. Nördlich davon das städtische Sport- und Freizeitzentrum „KROKO-FIT“ mit Schwimmhalle (Richard-Wagner-Straße 5). Die 1984 eröffnete Schwimmhalle erweiterte man 1999 durch einen Anbau mit Fitness-Center, Sportsauna, Bowling-Bahn, Tennishalle und Restaurant.

Nördlich der Bahnstrecke Leipzig – Dresden das 1921 eingeweihte Lößnitzstadion (einst Schulsportplatz). Im Jugendstil mit Renaissance- und Barockelementen entstand bereits 1906/07 der Schulbau (Steinbachstraße 21, heute Lößnitzgymnasium). Das dafür benötigte Baugelände schenkte der Oberlößnitzer Rentier Rudolf Steinbach (1828 – 1905) den Lößnitzgemeinden.

Areal entlang der Pestalozzistraße zwischen Gohliser Straße und Schumannstraße. Die Villen-Bebauung wird seit den 1970er Jahren von den 21 Meter hohen Gebäuden des früheren VEB Kraftwerksanlagenbau durchbrochen. Der Fünfgeschosser an der Wasastraße mit roten Fassadenelementen beherbergt seit 2012 das Stadtarchiv der Großen Kreisstadt Radebeul.

Moderne Wohn- und Geschäftshäuser bilden das Tor zum nördlich der Meißner Straße gelegenen Teil der Wasastraße. Dieser entstand auf einem früheren Weinberg erst um 1898. Die zur Nizzastraße strebende Wasastraße – südlich der Bahnstrecke früher Ziegeleistraße genannt – trägt ihren auf das Königsgeschlecht Wasa zurückgehenden Namen seit 1905.

Zu den Straßen mit architektonisch bedeutsamen Villen zählt die Dr.-Schmincke-Allee nördlich der Meißner Straße mit dem 1880 ausgebauten „Fontainenplatz". Ihn zieren ein Brunnenbecken und vier Terrakottafiguren. Zuerst hieß ihr oberhalb der Meißner Straße gelegener Teil Albertstraße, der südliche Amalienstraße. Von 1904 bis 1945 war es die Kaiser-Friedrich-Allee.

Blick vom frühlingshaften „Fontainenplatz" der Dr.-Schmincke-Allee in westliche Richtung. Es folgen u. a. Rosenstraße, Bergblick, Hoflößnitzstraße und der am „Weißen Roß" beginnende Augustusweg. Im Hintergrund schließt sich der Stadtteil Niederlößnitz an. Der Bildausschnitt wird von der Meißner Straße (links) und der Nizzastraße (rechts) begrenzt.

Wichtige Verkehrsadern am „Weißen Roß“: Wo sich die Gleise der Lößnitzgrundbahn und der Dresden-Laubegast und Weinböhla verbindenden Straßenbahn-Linie 4 kreuzen, steht der Gasthof „Weißes Roß“ (heute Spielsalon). Er entstand nach der 1784 verfügten Verlegung der elbnahen alten Poststraße auf die Trasse der heutigen Meißner Straße im Jahre 1788/89.

Zum östlichsten Ausläufer der Gemarkung Serkowitz zählt dieses Areal jenseits der Meißner Straße. Es reicht bis zur Nizzastraße und endet an der Eduard-Bilz-Straße.

Zwischen Meißner Straße und Maxim-Gorki-Straße vollendete die Wohnungsgenossenschaft Lößnitz 2020 sechs Gebäude mit 59 Wohnungen.

Die in nördliche Richtung zur Wasastraße führende Friedhofstraße trennt die Stadtteile Serkowitz (links) und Radebeul. Im Vordergrund die Serkowitzer Straße. Diese führt am Friedhof Radebeul Ost (Serkowitzer Straße 33) vorbei zum ältesten Teil Radebeuls. Hier befinden sich auch die Gräber von Abenteuerschriftsteller Karl May (1842 – 1912) und Naturheiler Friedrich Eduard Bilz (1842 – 1922).

Radebeul – entlang der Bahntrasse von Karl May bis zum Dichterviertel

Das mittelalterliche Dorf, welches unserer Stadt seit dem 19. Jahrhundert seinen Namen verleiht, taucht erstmals 1349 als „Radebul“ in einer Urkunde auf. Vielleicht auf einen slawischen oder deutschen Eigennamen zurückgehend, variiert dieser in den folgenden Jahrhunderten stark: Radebeil (1366), Radebul (1370), Radewel (1593), Rödebeul (1600), Redelbar (1614), Rodewel (1618). Auch könnte der Name auf einen gerodeten Hügel oder – wie es in Gemeindesiegeln zu finden ist – auf Rad und Beil hindeuten. Zur Ersterwähnung war Radebeul mit nur neun Höfen der kleinste und unscheinbarste Weiler der Lößnitz. Den Ort des Rundplatzdorfes hat man an jenem Platz lokalisiert, der heute Am Kreis heißt. Die Entwicklung verlief sehr langsam. Um 1650 kam das „Heidedorf“ auf erst 14 Höfe, deren Besitzer sich wohl vor allem von Ackerbau und Weinbau (1528 erwähnt) ernährten, Holz zunächst aus der kurfürstlichen Heide bezogen. Im 17. Jahrhundert erwarb das Dorf, schulisch zu Kaditz gehörend, einen Teil der Jungen Heide. Ab der Mitte des 18. Jahrhunderts war mit 20 Hofbesitzern, 7 Gärtnern und 46 Häuslern (letztere verfügten nur über minimalen Landbesitz) eine schrittweise Ausdehnung des Dorfes längs der heutigen Serkowitzer und Kaditzer Straße bis zum Robert-Werner-Platz zu erleben. Der große Aufschwung der Gemeinde zum wichtigsten industriellen Zentrum der Lößnitz kam mit dem Bau der Leipzig-Dresdner Eisenbahn ab 1839: Gewerbe siedelte sich an, oberhalb der Eisenbahnstrecke wurde ein Fabrikbezirk ausgewiesen (1874 „Chem. Fabrik von Heyden“), die Bevölkerungszahl explodierte, 1860 erhielt man einen eigenen Bahnhof, 1871 eine Zeitung, 1875 das Postamt, 1878 die Schillerschule, zudem 1884 die Schmalspurbahnstrecke nach Radeburg. Bald machten der 1860 gegründeten Schänke „Scharfe Ecke“ Restaurants und Hotels Konkurrenz. 1892 erreichte Radebeul kirchliche Selbständigkeit, ein Jahr später kam die Gas-Straßenbeleuchtung hinzu, 1895 das Wasserwerk, 1899 der Dresdner Straßenbahnanschluss und 1900 das imposante Rathaus. Die 7560 Einwohner zählende Gemeinde verleibte sich 1905 Serkowitz ein, erhielt 1925 Stadtrecht. 1928 eröffnete das „Karl-May-Museum“ im dazu errichteten Blockhaus „Villa Bärenfett“ (Karl-May-Straße 5). Nach Eingemeindung von Oberlößnitz und Wahnsdorf 1934 erfolgte am 1. Januar 1935 der Zusammenschluss mit der Stadt Kötzschenbroda zur Stadt Radebeul. In den letzten Jahrzehnten prägten die Radebeuler Flur zahlreiche Umbrüche. So veränderte sich die Nutzung traditionsreicher Gewerbe- und Industrieflächen. Mit dem 19 Hektar großen „Baugebiet Waldstraße“ entstanden 143 Ein-, Doppel-, Reihen- und Mehrfamilienhäuser.

Rechte Seite: Diese Luftaufnahme der Häuser Am Kreis lässt noch sehr gut das im 13. oder 14. Jahrhundert wohl auf einer slawischen Vorgängersiedlung angelegte Rundplatzdorf Radebeul erkennen. Als „Radebul“ taucht der mittelalterliche Ort erstmals am 6. September 1349 in einer Urkunde auf. Im 16. Jahrhundert wurden hier 12, im 17. Jahrhundert nur 14 Höfe gezählt.

Ev.-luth. Lutherkirche (Kirchplatz 1) an der Meißner Straße. Dieses Gotteshaus schuf in den Jahren 1891/92 das Dresdner Architekturbüro Schilling & Graebner der assoziierten Geschäftspartner Rudolf Schilling (1859 – 1933) und Julius Graebner (1858 – 1917). Als Bauplatz wählte man die Kante einer Schwemmsandterrasse, welche südlich der Chorseite sanft abfällt. Nahe der Kirche verläuft die Eisenbahntrasse Leipzig-Dresden und nördlich der Portalseite die Meißner Straße. Am 28. November 1892 wurde die „Kirche zu Radebeul" geweiht.
Der 325 494,92 Mark teure, überaus repräsentative Bau (kreuzförmiger Grundriss mit mittigem Turm im Norden, großes Radfenster

über dem Portal) aus tiefroten Backsteinen und hellem Sandstein mit Schieferdach auf eisernem Dachstuhl sowie Turmspitze aus Kupferblech erinnert an die deutsche Renaissance des 16. Jahrhunderts im Elbtal. Die Turmvorhalle mit Mittelsäule ziert die Inschrift „Gehet zu seinen Thoren ein mit Danken, zu seinen Vorhöfen mit Loben Ps. 100.4". Das Kircheninnere mit Orgelempore (Orgel von Jehmlich, 1934 und 1952 verändert) und beidseitigen Emporen wird von einem weiten Tonnengewölbe mit Stichkappen und Kreuzrippen dominiert. Der 1000 Personen fassende Raum erwies sich später fast als zu klein. Am 1. Juli 1890 gegründet, wuchs die evangelisch-lutherische Gemeinde von anfangs rund 5500 im Jahre 1920 auf 13.000 Gläubige. Rechts im Altarraum führt eine Portaltür zum Kapellenanbau mit achteckiger Sakristei, links liegt hinter einer Rundbogenöffnung mit schmiedeeiserner Gittertür die Taufkapelle. Kanzel, Altar, Lesepult, Taufe und weitere dekorative Details an den Portalen entwarf Kurt Roch (1861 – 1923). Von Richard König (1863 – 1937) stammen die beiden überlebensgroßen Holzfiguren von Moses und Johannes dem Täufer. Die wundervollen Bleiverglasungen im Chor, von denen Karl May das mittlere Fenster stiftete, schuf Josef Goller (1868 – 1947). Im 68 Meter hohen Kirchturm schlägt die Turmuhr Nr. 116 des Lommatzscher Uhrmachers Moritz Bassler. Mit der Kirche entstand auf dem Eckgrundstück zur Karl-May-Straße das Pfarrhaus, Kirchplatz 2. Der zweigeschossige Bau verfügt u. a. über ein Zeltdach, hohen Staffelgiebel und zweigeschossige Verandenarchitektur. 2018 baute die Kirchgemeinde ein neues Gemeindehaus, das von der Meißner Straße aus hinter den Ehrenhain platziert wurde und den Raum östlich zwischen Lutherkirche und Garten des Karl-May-Museums füllt. Dieser eingeschossige Flachbau ist von der höherliegenden Meißner Straße kaum sichtbar, verschwindet fast hinter der Hecke des 1927 angelegten Ehrenhains für 440 Gefallene des Ersten Weltkrieges. Gemeindehaus und Kirche sind unterirdisch miteinander verbunden.

In luftiger Höhe krönt das filigran geschmiedete Turmkreuz die Lutherkirche (jetziger Name seit 1934). Aus der Vogelperspektive scheint es über den Villen, Weinbergen und Landmarken der Oberlößnitz wie Bismarckturm (von links), Spitzhaus, Haus in der Sonne und Bilz-Sanatorium zu schweben. Rechts die Hotelanlage mit ihren Appartementhäusern an der Nizzastraße.

„Villa Shatterhand" des Karl-May-Museums. Nach dem Tod von Karl May (1842 – 1912) hegten Witwe und Verlag die Idee, den Schriftsteller durch eine ständige Ausstellung in seinem Radebeuler Wohnhaus (Karl-May-Straße 5) zu würdigen. Da kam 1925 ein interessantes Angebot: Ernst Tobis (1876 – 1959), der unter dem Künstlernamen Patty Frank bekannte Wiener Artist, Globetrotter und Indianerspezialist, bot Mays Witwe Klara (1864 – 1944) seine etwa 500 Objekte umfassende Privatsammlung u. a. mit Skalps, Pfeilen, Bögen und Speeren an. Einzige Bedingung: freie Wohnung in einem eigens für ihn und die Sammlung zu bauenden Wild-West-Blockhaus nebst einer monatlichen Rente von 300 bis 350 Mark! Nach Erweiterungsbauten eröffnete das Karl-May-Museum Radebeul am 1. Dezember 1928. Den Namen „Villa Bärenfett" erfand Karl May noch selbst. Ständig steigende Besucherzahlen im größten indianischen Privatmuseum Deutschlands – neben Patty Franks Sammlung wurden auch die von Karl und Klara May von Reisen mitgebrachten Stücke präsentiert – ließen 1936 einen Anbau im gleichen Stil sinnvoll erscheinen. Nach 1945 sah das von der Karl-May-Stiftung verwaltete Erbe Karl Mays einem ungewissen Schicksal entgegen. Bereits im Juni 1945 war die Radebeuler Karl-May-Straße in Hölderlinstraße umbenannt worden. Die Bücher des Autors durften in der Sowjetischen Besatzungszone und späteren DDR nicht mehr gedruckt werden. Das Museum stand unter staatlicher Kontrolle. Zuerst wurden alle an Karl May erinnernden Dinge entfernt, dann dem Museum durch Umgruppierung der Exponate die Romantik geraubt und schließlich der Name genommen, alles in „Indianermuseum" umgetauft. Ein Kindergarten zog in die „Villa Shatterhand" ein.

Erst nach Ablauf der 70-jährigen Urheberschutzfrist 1982 änderte sich manches: Karl May konnte in der DDR nachgedruckt werden. Die Straße vor dem Museum sowie das Museum erhielten ihre alten Namen und selbst die „Villa Shatterhand" wurde in die Ausstellung einbezogen. Der dem Grundstück auf der anderen Straßenseite gegenüberliegende Park mit 4200 Quadratmeter Fläche (einst Obstgarten der Mays, 1932 mit „Silbersee" und „Herzsee" dem Dichter geweiht) wurde wieder zum Karl-May-Hain. Richtig komplett ist das Karl-May-Museum erst seit Ende Oktober 1994. Durch Vereinbarung zwischen Verleger Lothar Schmid (1928 – 2013) und der Karl-May-Stiftung kehrten Möbel, Bücher sowie Kunst- und Erinnerungsgegenstände des Arbeitszimmers, der Bibliothek und des Sascha-Schneider-Zimmers aus dem fränkischen Bamberg nach Radebeul zurück. 2003 wurde das der Karl-May-Stiftung unterstehende Museum in eine gemeinnützige GmbH umgewandelt.

VILLA „SHATTERHAND"

Die Eisenbahn Leipzig – Dresden brachte Radebeul den Aufschwung. Im Vordergrund Eisenbahnschienen, die Neubrunnstraße und die Pestalozzistraße. An Letzterer wurde 1895 das Wasserwerk fertiggestellt – heute Sitz der „Wasserversorgung und Stadtentwässerung Radebeul“. 1875 gebaut, verläuft die Pestalozzistraße parallel zur Lößnitzgrundbahn, wird von Mietshäusern und Villen flankiert.

Vier Schienenstränge der Deutschen Bahn sowie jener der Schmalspurbahn Radebeul-Radeburg treffen sich auf Höhe Schildenstraße, verlaufen bis zum Bahnhof Radebeul-Ost gemeinsam. Westlich der Hauptstraße: Rathaus, ehemalige Post und Pestalozzischule (heute Haus 2 des Lößnitzgymnasiums), östlich der Komplex mit Supermarkt, Bankfiliale, Ärztehaus und Parkhaus

Inspiriert durch die vermögende Gemeinde Niederlößnitz, welche seit 1895 bereits einen würdigen Verwaltungsbau besaß, errichteten die Radebeuler 1899/1900 ihr Rathaus (Pestalozzistraße 6). Architekt Gustav Reinhold Hänichen entwarf das dreigeschossige Gebäude im Stil der Neorenaissance: Links mit Seitenrisalit und Stufengiebel, mittigem Rundbogenportal im Altanvorbau, rechts ein polygonaler Erker mit Haube und Spitze, dazu Dachreiter nebst Turmuhr. Historisierende Elemente vermischen sich hier mit dem Jugendstil. Zur 1909 vollendeten Innenausstattung gehören neben Stuckarbeiten mehrere von Josef Goller (1868 – 1947) gestaltete Kunstglasfenster. Diese stifteten Vertreter der heimischen Wirtschaft. Den prächtig holzgetäfelten Ratssaal dekoriert das von Historienmaler Walther Witting (1864 – 1940) erschaffene Wandgemälde „Die Entrichtung von Gefällen in Radebeul an Abgesandte des Domstifts Meißen um 1520" (12,3 Meter mal 2,34 Meter groß). In der ersten Rathaus-Etage befindet sich der Sitz des Oberbürgermeisters. Neben dem historischen Rathaus nutzt die öffentliche Verwaltung z. B. das benachbarte Technische Rathaus (Pestalozzistraße 8), das ehemalige Postamt (Pestalozzistraße 4) und das Sozialrathaus (Hauptstraße 4). Radebeuls Stadtwappen hat Silber und Rot als Hintergrundfarben. Oben ziert es eine grüne Weintraube mit Laub, unten ein sechsspeichiges silbernes Rad. Die Weintraube, welche bereits in den Gemeindesiegeln der Ursprungsgemeinden Kötzschenbroda, Serkowitz und Zitzschewig manifestiert war, verweist auf die jahrhundertealte Weinbautradition. Das Rad wird als volksetymologische Deutung des Stadtnamens interpretiert, befand sich im alten Gemeindesiegel über einem Beil. Heute ist die Große Kreisstadt Radebeul die einwohnerstärkste und am dichtesten besiedelte Stadt im Landkreis Meißen. Bis Radebeul im Jahre 1947 zum Kreis Dresden-Land kam sowie nach Auflösung dieses Kreises und Integration als Große Kreisstadt in den Landkreis Meißen 1996, stand bzw. steht der Stadt ein Oberbürgermeister vor.

Oberbürgermeister/Bürgermeister ab Mai 1945: Gustav Philipp, Günter Kalk, 1945 – 1946: Georg Schroeter, 1946 – 1947: Johannes Schulze, 1947 – 1950: Oskar Mohr, 1950 – 1952: Gerhard Martin, 1952 – 1953: Heinz Marschk, 1953 – 1959: Horst Prescher, 1960 – 1965: Gerhard Bensch, 1965 – 1974: Helmut Walther, 1974 – 1988: Horst Theuring, 1988 – 1990: Volkmar Kunze, 1990 – 1994: Eberhard Schmidt, 1994 – 2001: Volkmar Kunze, seit 2001: Bert Wendsche.

Von der Hauptstraße geht an der Kreuzung nach Westen die Pestalozzistraße und nach Osten die Sidonienstraße ab. Links die 1897 eingeweihte Schillerschule nebst Turnhalle (Hauptstraße 10), rechts das dreigeschossige Wohn- und Geschäftshaus Sidonienstraße 1. Es entstand 1889/90 durch die Baufirma Gebr. Ziller für Fleischermeister Adolph Herrmann.

Zum unter Denkmalschutz stehenden Bahnhof Radebeul-Ost (Sidonienstraße 1a, 1c) zählen seit 1900 u. a. das ockerfarbene Empfangsgebäude mit Dachreiter, Uhr und Wartehalle, die Bahnsteige mit Überdachung und Tunnel, Wirtschaftsgebäude und Güterschuppen. Wartesaal (u. a. heute Stadtbibliothek) und Empfangsgebäude erstrahlen seit 2002 in altem Glanz.

Nördlich der Meißner Straße führt die August-Bebel-Straße Richtung Weinberge. Im Vordergrund Neubauten an der Louisenstraße. Links im Bild die 1890/91 für den Chemiker Dr. Carl Kolbe (1855 – 1909) errichtete „Villa Kolbe" an der Zinzendorfstraße 16. Hofrat Kolbe war bis 1907 Generaldirektor der „Chemischen Fabrik v. Heyden Aktiengesellschaft".

Häuser an Wichernstraße, Hellerstraße und Albertplatz befinden sich in diesem Wohnareal nördlich der Bahn-Trasse, welches westlich von der Louisenstraße und östlich von der Kiefernstraße begrenzt wird.

An der Ostspitze die Teehaus GmbH mit Fabrikanten-Villa (Meißner Straße 47). 1889 ließ sie der Besitzer der Kaffeegewürz-Fabrik Otto E. Weber (1840 – wohl 1914) bauen.

Traditionsreiches Industriegebiet westlich der Forststraße. Hier war ab dem 19. Jahrhundert eine der Keimzellen der pharmazeutisch-chemischen Industrie im Elbtal, wurde weltweit erstmals im industriellen Maßstab das Arzneimittel Salicylsäure produziert. Zu DDR-Zeiten ein Betriebsteil vom Arzneimittelwerk Dresden (AWD), werden dort bis heute pharmazeutische Präparate hergestellt.

Gewerbe- und Wohngebiet südlich der Bahntrasse. Der Blick reicht von der Autobahn im Osten über Emilienstraße (links) und Seestraße (rechts) bis zu Gartenstraße, Trachauer Straße und Dresdner Straße. Hinter den Kleingärten im Süden und östlich der Emilienstraße beginnt bereits das Gebiet der Landeshauptstadt Dresden.

Die Stadtgrenze Dresden-Radebeul verläuft etwa westlich der Kleingärten. Im Blickfeld befindliche Häuser (An der Siedlung, Damaschkeweg, Seestraße, Dresdner Straße) gehören zu Radebeul. Ebenso ein kleines Stück unter der Autobahn Dresden – Berlin bzw. Dresden – Görlitz, welches sich noch einige hundert Meter ostwärts erstreckt.

Zwischen der Trasse der Deutschen Bahn und der Meißner Straße mit den Gleisen der bis Weinböhla führenden Dresdner Straßenbahn hat Radebeul hier – umschlossen vom Dresdner Stadtgebiet – seinen von diversen Gewerben und einem Supermarkt genutzten östlichsten Ausläufer. Die Autobahn führt als Hochstraße darüber hinweg.

Bereits in den 1970er Jahren sah die DDR das Gebiet an der Jungen Heide (Waldstraße) für den „Komplexen Wohnungsbau" vor, errichtete aber nur vier Plattenbauten (Typ WBS 70). 2000 und 2018 entstand hier das größte Wohnungsbaugebiet des Kreises Meißen mit kompletter Infrastruktur (Einkaufsmarkt, 4 Spielplätze, 3 Biotope). Die Straßennamen erinnern vor allem an Dichter.

Oberlößnitz – kurfürstliche Prachtbauten, Rebterrassen und ein Naturheiler

Die Schicksale der 146 Hektar großen Radebeuler Ursprungsgemeinde Oberlößnitz bzw. des heutigen Stadtteils gleichen Namens ähneln jenem von Niederlößnitz in auffälliger Weise. Seit dem Mittelalter zur Oberflur der Lößnitz-Dörfer Serkowitz und Radebeul gehörend, standen die mit besonderen Privilegien ausgestatteten Besitzer hiesiger Weingüter und ihre Winzer immer außerhalb der Dorfgemeinschaften. Im Falle der hochadeligen Hoflößnitz-Besitzer hatte man es sogar mit dem Gottesgnadentum der Landesherren zu tun. Vor allem im Zusammenhang mit dem markgräflich-herzoglichen, später kurfürstlichen Engagement prägte sich für den östlichen Teil der Rebhänge bereits Mitte des 16. Jahrhunderts die Bezeichnung Oberlößnitz ein. Berggassen, welche mit der heutigen Weinberg- und Bennostraße bzw. dem Augustusweg identisch gewesen sein dürften, verbanden die verstreut liegenden Güter und Presshäuser. Dem Vorbild der 1648/50 erbauten Hoflößnitz nacheifernd, schufen sich Angehörige des Hofadels und vermögende Bürger ab dem 18. Jahrhundert Sommerresidenzen wie Haus Sorgenfrei, Haus Hermannsberg, Haus in der Sonne und Meinholdsches Turmhaus. 1832 schlossen sich die Besitzer von 85 Weinbergen im „Communalverband der Weinbergsbesitzer“ zusammen, welcher 1839 die Basis zur Gründung der politischen Gemeinde Oberlößnitz war. Nördlich reichte die Gemarkung etwa entlang der Hangkante zum Elbtal. Östlich bildete der Fiedlergrund und westlich der Lößnitzbach die Grenzen. Südlich gab es eine Verzahnung mit Serkowitz. Straßen, die heute Waldstraße und Maxim-Gorki-Straße heißen, trennten die Gemeinde von Radebeul. Die Selbständigkeit nutzend, gründete Oberlößnitz 1852 einen eigenen Schulbezirk („Schul- und Bethaus“ Augustusweg 42), eröffnete 1874 eine Postagentur, erweckte 1885 dank einer Stiftung die Entbindungsanstalt für alleinstehende Frauen und Mädchen (Augustusweg 112) zum Leben und leistete sich 1900 den Rathaus-Bau (Hauptstraße 49). Mit der auf König Johann (1801 – 1873) zurückgehenden Bezeichnung „Sächsisches Nizza“ adelte man ab 1860 vor allem die neu errichteten Oberlößnitzer Villen. Auch hier ermöglichte die Reblauskatastrophe den Bauboom. Wegen seiner vielen Kureinrichtungen und Genesungsheime wurde Oberlößnitz sogar „Kurort“ genannt. Als zweifellos berühmteste Schöpfung galt das Naturheil-Sanatorium von Friedrich Eduard Bilz (1842 – 1922). Im Jahre 1901 erhielt das 1677 erbaute Spitzhaus seine Seitenflügel und eröffnete ein Jahr später als Berggaststätte. 1907 war Einweihung des Bismarckturmes und 1915 ging „Schloss Hoflößnitz“ in Gemeindebesitz über. 1934 wurde die Gemeinde Oberlößnitz mit ihren 2281 Einwohnern in die Stadt Radebeul eingemeindet.

Oberlößnitz von der Retzschgasse Richtung Westen. Beeindruckend, wie Radebeul rechts der Elbe die Talweitung bis zum Fuß der Weinbergshänge besiedelt hat und sich die Bebauung auf der Hochebene fortsetzt. An der Ecke Weinbergstraße/Hoflößnitzstraße das Meinholdsche Turmhaus und inmitten eines Rebhanges am Knohllweg die Hoflößnitz.

Wohnareal mit modernen Ein- und Mehrfamilienhäusern sowie bemerkenswerten Villen rund um den von Bennostraße, Lößnitzgrundstraße und Hoflößnitzstraße flankierten Hörningplatz. Links das Gleis der Lößnitzgrundbahn und die Lößnitztalschänke am Mühlweg, von dem die Nizzastraße abgeht und welcher nördlich an der Lößnitzgrundstraße endet.

Bebauung entlang der noblen Weinbergstraße am Fuß des Elbhanges mit seinen berühmten Rebflächen auf Steilterrassen. Der Bildausschnitt zeigt ein Gebiet, das im Westen an der Höflößnitzstraße beginnt und im Osten am Hohlweg endet. Hinter Bismarckturm und Spitzhaus an der Hangkante liegt der Stadtteil Wahnsdorf.

Das Meinholdsche Turmhaus (Weinbergstraße 10) entstand nach 1722 für Landbauschreiber Johann Joachim Ossenfelder. Der Turm (Schlagglocke von 1750) kam später hinzu. Namensgeber war Hofbuchdrucker Carl Christian Meinhold (1740 – 1827), in dessen Besitz das Weingut 1792 kam und bis 1964 bei den Erben verblieb. Heute befindet sich hier das Weingut Karl Friedrich Aust.

Sachsens Weinbaumuseum Hoflößnitz und umliegende Villen an Hoflößnitzstraße, Lößnitzgrundstraße und Am Goldenen Wagen. Die Geschichte der Gebäudegruppe (Knohllweg 37) reicht bis zum 8. Mai 1401 zurück. Damals kaufte Markgraf Wilhelm I. von Meißen (1343 – 1407) für 1660 Schock Meißnische Groschen das Dorf Kötzschenbroda. Kristallisationskern der Anlage war das Presshaus mit Wohnung des Bergverwalters, Wasserhäuschen und einer Sonnenuhr-Säule. 1622 wird in den Akten erstmals von der „Hofleßnitz" geschrieben. 1648/50 ließ Kurfürst Johann Georg I. (1585 – 1656) das im Grundriss 10,54 mal 20,84 Meter große „Lust- und Berghaus" durch Landbaumeister Ezechiel Eckhard (1595 – 1673) erbauen. 1677 ersetzte man den achteckigen Fachwerkturm mit geschweifter Haube durch einen aus Stein nebst Wendeltrepe im Inneren. Hochadelige Wohnkultur spiegelt das Obergeschoss mit Kaminen und Kachelöfen wider. Hier entstanden neben dem 10 mal 10 Meter großen Festsaal Räume für den Kurfürsten und die Kurfürstin. Aus kunsthistorischer Sicht bedeutend sind die auf Leinwand gemalten 80 Vogelgemälde der Kassettendecke des Saales. Das westlich gelegene „Winzerhaus" (L-förmiger Bau, tonnengewölbter Weinkeller) kam 1688 hinzu. Zur Hoflößnitz gehören noch das anstelle des 1824 abgebrannten „Presshauses" durch Landbaumeister Carl Mildreich Barth neu errichtete klassizistische Gebäude sowie das spätklassizistische, sogenannte „Kavalierhaus" von 1843 (im östlichen Flügelbau u. a. das Kreuzgratgewölbe des 17. Jahrhunderts erhalten) vom gleichen Architekten. Als „Neues Bergverwalterhaus" gebaut, trägt es erst seit 1912 den heutigen Namen. Bergwärts hinter dem Hauptbau steht unter einem Schutzdach die hölzerne Spindelpresse. Unter Friedrich August I., dem Starken (1670 – 1733), und dessen Sohn erlebte die Hoflößnitz Feste mit Winzeraufzügen. Im Siebenjährigen Krieg (1756 – 1763) waren österreichische Militärs im Schloss einquartiert. 1834 wandelte man die Hoflößnitz in ein Staatsweingut innerhalb der königlichen Domänenverwaltung um. Die Reblaus in den Königlichen Weinbergen 1887 sorgte für das Ende des Weinbaus und die Versteigerung des Objektes samt Ländereien im Jahre 1889. Um die Parzellierung des Weinberges für den Wohnungsbau zu verhindern, gründete sich 1912 der Hoflößnitzverein, in dessen Besitz die Hoflößnitz mit 2,8 Hektar Grundbesitz im gleichen Jahre ging. 1932 wurde die Hoflößnitz Stadtweingut. 1992 an die Große Kreisstadt Radebeul zurückgelangt, arbeiten unter ihrem Dach heute das Sächsische Weinbaumuseum und das erste zertifizierte ökologisch wirtschaftende Weingut Sachsens. Dieses bewirtschaftet rund 10 Hektar Rebland.

Die einst kurfürstlich-königliche Hoflößnitz im Winter. Hinter den Häusern von Hoflößnitzstraße und Am Goldenen Wagen verläuft die 76 Meter Höhenunterschied überwindende Spitzhaustreppe mit 397 Stufen und 57 Absätzen (erbaut 1747/50, Muschelpavillon 1751). Sie führt durch den Steillagen-Weinberg „Goldener Wagen“ zu Bismarckturm und Spitzhaus.

Spitzhaus von Osten und südliche Häuser der Spitzhausstraße. Unter Denkmalschutz steht auch die „Birkenhof" genannte Villa Spitzhausstraße 28. Der barockisierende Bau mit rundbogigem Hauptportal, halbrundem Altan und Freitreppe wurde um 1910 gebaut (halbrunde Veranda 1928). Villa und Gartenanlage wurden in den 1990er Jahren aufwendig saniert.

Mit seinem imposanten Syenit-Zylinder auf quadratischem Unterbau (Kantenlänge 8,30 Meter) steht der 18 Meter hohe Radebeuler Bismarckturm (Spitzhausstraße) auf der Hangkante des Elbtals zwischen Spitzhaus und Spitzhaustreppe oberhalb der Hoflößnitz und des Weinbergs „Goldener Wagen". Einheimische und Touristen lieben den Panoramablick, der sich von seiner Terrasse aus bietet. Er ist einer der 145 in Deutschland noch existierenden Türme (von einst über 240), die an den ersten Reichskanzler des Deutschen Reiches

Otto Fürst von Bismarck (1815 – 1898) erinnern. Wie in vielen anderen Gemeinden sammelte der „Deutsch-Soziale Reformverein für Radebeul und Umgebung" ab 1902 Geld für das Monument. Auch Abenteuerschriftsteller Karl May beteiligte sich mit 100 Goldmark. Auf 1000 Quadratmeter gestiftetem Grundstück errichteten der Dresdner Architekt Wilhelm Kreis (1873 – 1955) und ein lokaler Baumeister für 16 000 Goldmark die dreistufige Terrassenanlage nebst innen hohlem und nach oben offenem Turm mit acht Nischen. Nach vier Monaten Bauzeit erfolgte die Weihe am 2. September 1907. Es handelt sich um einen Betonbau, der mit Material aus umliegenden Steinbrüchen verkleidet ist. Die zehn Stützpfeiler der Kuppelschale sind dem Mausoleum des Königs der Ostgoten Theoderich des Großen (451/58 – 526) in Ravenna nachempfunden. Eine 1913 geplante Treppe, über welche eine Feuerschale auf der Spitze erreicht werden sollte, kam nie zur Vollendung. Ob die Feuerschale zeitweilig einen Interimsplatz vor dem Turm bekam, ist nicht mehr verifizierbar. Bismarcks Wappen und die Inschrift „Wir Deutsche fürchten Gott sonst nichts in der Welt" wurden zu DDR-Zeiten entfernt, der Turm 1961 in „Turm der Jugend" umbenannt. Nachdem der mitunter auch „Bismarcksäule" genannte Bismarckturm seit 1993 wieder seinen angestammten Namen tragen darf, gab es vonseiten der Bürgerschaft das Interesse, die ursprünglich geplante Treppe im Inneren einzubauen. Zum 200. Geburtstag Bismarcks im Jahre 2015 wurde der Grundstein für das Treppenprojekt gelegt. Privatpersonen und Firmen beteiligten sich an der Finanzierung, stifteten beispielsweise Podeste und Stufen. Die Stifter-Namen sind im Turminneren öffentlich zu lesen. Am 8. September 2019, dem Tag des offenen Denkmals, wurde die stählerne Wendeltreppe mit 83 Stufen eingeweiht. Insgesamt kamen für den Bau rund 300.000 Euro Spenden zusammen. Diese ließen die einstigen Pläne Wirklichkeit werden, machten den Turm tatsächlich zum Aussichtsturm. Im Sommerhalbjahr ist der Turm gegen ein Eintrittsgeld für Besucher geöffnet.

Besenwirtschaft Lorenz zwischen Bismarckturm und Spitzhaus. Über dem Steillagen-Weinberg „Goldener Wagen" gelegen, kann man hier mit Fernsicht über das Elbtal bis in die Sächsische Schweiz und das Osterzgebirge die edelsten Tröpfchen genießen. Acht Weinbaubetriebe und über 200 Nebenerwerbs- und Privatwinzer gibt es in Radebeul.

Weithin sichtbar ragt auf der Hangkante des Elbtalkessels (241,3 Meter ü. NN) über der Hoflößnitz ein denkmalgeschützter Gaststättenkomplex (Spitzhausstraße 36) mit Panoramablick gen Himmel. Er steht auf einem Weinberg, zu dessen Besitzern der vermögende Obrist Karl von Bose (1596 – 1657) zählte, dem Johann Georg I. (1585 – 1656) für seine Verdienste im 30-jährigen Krieg 1649 den Titel „Landeshauptmann" verlieh. Als Ursprung der heutigen Anlage gilt ein zweigeschossiges Lusthaus. Über quadratischem Grundriss (9,5 mal 9,5 Meter) wurde es mit Rundbogenfenstern, zweiarmiger Freitreppe im Inneren, geschweiftem Zeltdach und oktogonalem Dachreiter mit Spitze wohl 1672 von Wolf Casper von Klengel (1630 – 1692) für den Dresdner Tuchhändler Paul Friedrich Landsberger (1615 – 1679) errichtet.
Spitzhaus soll sich von der kühn geschwungenen Dachhaube ableiten. 1699 war alles im Besitz der meißnischen Uradelsfamilie von Rechenberg, danach kam es an einen Vertreter der Sippe von Wolfframsdorf. Dieser vermachte es 1706 dem sächsischen General der Kavallerie und Kriegsminister Jacob Heinrich Reichsgraf von Flemming (1667 – 1728), der das Spitzhaus ein Jahr später an Anna Constantia Reichsgräfin von Cosel (1680 – 1765), die berühmteste Mätresse Friedrich August I., des Starken (1670 – 1733), verschenkte. Diese übergab 1710 alles dem sächsischen Kurfürsten. Auf dessen Sohn, Friedrich August II. (1696 – 1763), geht die barocke Umgestaltung 1749 zurück. Die noblen Privatgemächer waren sogar im Winter durch Kamine beheizbar. Jahre vorher schuf Matthäus Daniel Pöppelmann (1662 – 1736) die Pläne dafür. Zu den Gästen zählten Herrscher wie König Karl X. von Frankreich (1757 – 1837), Kaiser Joseph II. (1741 – 1790) und König Otto I. von Griechenland (1815 – 1867). Selbst Kaiser Wilhelm I. von Preußen (1797 – 1888) wohnte als Kronprinz hier.
Als Folge des Niedergangs im Weinbau 1888 durch Sachsens Königshaus versteigert, wurde 1898 Gastwirt Friedrich Hermann Hennicke aus Dresden-Striesen Eigentümer. Bevor er 1902 eine Gaststätte eröffnete, fügte der Unternehmer zweigeschossige Flügelbauten mit Erkern und geschweiften Hauben an. Auch die verglaste Veranda ließ den turmartigen Charakter völlig verlorengehen. Der neue Besitzer Alfred Fischer erweiterte ab 1921 das Spitzhaus. Ab 1960 nutzte der VEB Feinstrumpfwerke Oberlungwitz (später Strumpfkombinat „Esda" Thalheim) die Immobilie als Betriebsferienheim.
1990 privatisiert, ging das Spitzhaus 1995 in den Besitz der Stadt Radebeul über. 1996 erwarb die Gastronomen-Familie von Michael Andreas per Erbbaurechtsvertrag die bekannte Ausflugsgaststätte. 1997/98 erfolgte die umfassende Sanierung durch das Architekturbüro von Tilo Kempe (1963 – 2015).

Wo die Nizzastraße auf die Maxim-Gorki-Straße trifft, strebt die an der Hauptstraße beginnende Eduard-Bilz-Straße hangwärts zu Bilz-Sanatorium und Straken. Der Bildausschnitt umfasst ein Wohngebiet, das von der Gutenbergstraße im Westen bis zur Fritz-Schulze-Straße im Osten reicht und markante Bauwerke der Elbhang-Kante zeigt.

Größtes Hotel ist das zur AM Group Real Estate & Hotels zählende Radisson Blu Park Hotel & Conference Centre Dresden Radebeul sowie das angeschlossene City Hotel Dresden Radebeul (Nizzastraße 55). Ab 1991 auf 36 200 qm entstanden (Boardinghausanlage im Villenstil), verfügt es neben 450 Zimmern, Studios und Suiten über einen Tagungsbereich (bis 1100 Personen) sowie das Spa (1000 qm) mit 25-Meter-Pool.

Das Palais mit Dachreiter im Vordergrund ist „Haus Sorgenfrei“ (heute Romantik Hotel „Villa Sorgenfrei“, Augustusweg 48). Das schlossartige Ensemble (erbaut 1783 bis 1789) gilt als das letzte erhaltene Gebäude im sogenannten „Dresdner Zopfstil“. Dieser entwickelte sich am Übergang zwischen Rokoko und Frühklassizismus. Dahinter am Hang das Bilz-Sanatorium, westlich davon das „Haus in der Sonne“.

Rechte Seite: Zur Erinnerung an den Hl. Bischof von Meißen († um 1107) steht das „Bennoschlösschen“ oder „Bennohaus“ (Bennostraße 35) inmitten eines Rebhanges. Das älteste erhaltene Herrenhaus der Oberlößnitz, vom kurfürstlichen Rentkammermeister Hans Harrer (um 1530 – 1580) kurz vor seinem Suizid 1580 errichtet, hat mit dem Bischof Benno allerdings nichts zu tun.

Dem herrschaftlichen Winzerhaus an der Südhangkante des Elbtales gab Besitzer Martin Hammitzsch (1878 – 1945) um 1920 den bezeichnenden Namen „Haus in der Sonne". Der zweigeschossige Kernbau mit Walmdach (Weinbergstraße 44) verfügt über einen polygonalen Vorbau, dessen Mansard-Zeltdach eine Kugel mit Wetterfahne ziert. Angeschlossen sind nach Osten ein achteckiger Atelier-Raum und nach Westen ein Flügel mit Wirtschaftsräumen. Die Geschichte der Villa mit 17 Zimmern, fünf Bädern und Weinkeller (652 Quadratmeter Wohnfläche) auf dem 12 680 Quadratmeter großen Hanggrundstück in exponierter Lage reicht bis 1770 zurück. In jenem Jahr ließ sich der Dresdner Münzfaktor Georg Christian Städter hier auf dem Kröberischen Weinberg ein barockes Haus errichten. Ein weiterer Besitzer, Kaufmann Friedrich Zembsch, nannte den Wohnsitz in der ersten Hälfte des 19. Jahrhunderts „Friedrichsburg". Nachdem Mitte der 1880er Jahre durch die Reblauskatastrophe der Weinberg aufgegeben wurde, entstanden fünf Wohnungen im Haus. 1917 kaufte Architekt Martin Hammitzsch mit seiner Frau Marie (†1935) das Anwesen in Oberlößnitz (1934 nach Radebeul eingemeindet) und erweiterte es 1920/21. Hammitzschs bekanntester Bau ist die 1907/09 entstandene Dresdner Tabak- und Zigarettenfabrik „Yenidze". Später zum Direktor der Dresdner Staatsbauschule für Hoch- und Tiefbau avanciert, lernte er im September 1935 bei der Kur in Bad Nauheim Angela verwitwete Raubal geb. Hitler (1883 – 1949), die Halbschwester Adolf Hitlers (1889 – 1945), kennen. Sie hatte ihrem jüngeren Halbbruder seit 1928 den Haushalt im Haus „Wachenfeld" auf dem Obersalzberg in Berchtesgaden geführt und war dort gerade im Streit gegangen. Bereits am 20. Januar 1936 heirateten Hammitzsch und Raubal in Berlin. Nach der Blitzhochzeit besuchten z. B. Hermann Göring (1893 – 1946) und Frau das Ehepaar im „Haus in der Sonne". Hammitzsch, der 1939 Leiter der Bauabteilung in Sachsens Innenministerium, 1942 Chef des sächsischen Landesdenkmalamtes und 1943 Leiter der Abteilung Technik der sächsischen Landesregierung wurde, trennte sich Ende 1938 von dem Grundstück in Radebeul und kaufte in Dresden eine Villa. Das seit 1939 unter Denkmalschutz stehende „Haus in der Sonne" war bis 1940 im Eigentum der Deutschen Arbeitsfront. Zu DDR-Zeiten gehörte es dem „VEB Elbe-Chemie". Die Erben des 1952 zwangsverstaatlichten Unternehmens erhielten im Zuge der Restitution auch ihren Radebeuler Besitz zurück und verkauften ihn 1993 an den Immobilienkaufmann Friedrich Kozka. Dieser sanierte das stark vernachlässigte Gebäude samt Park unter denkmalpflegerischen Gesichtspunkten.

Über Jahrzehnte gehörte eine Schöpfung von Friedrich Eduard Bilz zu den ersten Adressen für naturheilkundliche Krankenbehandlung in Deutschland – das auch „Schloss Lössnitz" genannte Bilz-Sanatorium. Nachdem Bilz am 27. September 1890 in Oberlößnitz das Anwesen eines Privatiers (heute Eduard-Bilz-Straße 53) für 39 500 Mark gekauft hatte, wurde ihm am 24. September 1892 die Genehmigung zum Betreiben einer Heilanstalt für 15 Kranke in seiner Villa (Kurhaus I) erteilt. 1895 war das große Kurhaus (Kurhaus II) für 70 Kranke fertiggestellt (galerieartige Holzbalkone auf der Talseite, ein Turm mit Uhr). Diesem folgte 1896 ein langer Seitenflügel (Kurhaus III, Badehaus) nach Norden im 45-Grad-Winkel zum Hauptbau. 1898 kam mit dem geschichtsträchtigen „Jägerberg" (heute Augustusweg 110) ein weiteres Anwesen (Kurhaus IV) hinzu. Auf dem 7,5 Hektar großen Gelände am Elbhang mit Aussichtsturm und Flanierwegen ließ Bilz hunderte Obstbäume pflanzen, 20 Lufthütten, Sportplätze und Wasserspiele bauen. Um die zeitweise bis zu 180 gleichzeitig hier weilenden Patienten kümmerten sich unter Leitung eines Chefarztes approbierte Mediziner. Im Bilz-Sanatorium therapierte man mit Wasseranwendungen jeder Art, Sonnen- und Luftbädern, Barfußtreten im Morgentau, elektrischen Kurmitteln, Massagen, Freiluft-Gymnastik, Inhalationen, Diät und Fastenkuren eine breite Palette von Krankheiten z. B. des Nervensystems, der Luftwege, der Verdauungsorgane, des Stoffwechsels, des Herzens, der Niere und Blase. Auf dem am höchsten gelegenen Balkon seines Bettenhauses (Dampfheizung, elektrische Beleuchtung, Ventilator, fließend warmes und kaltes Wasser im Korridor) mit freier Sicht über das Elbtal schlief der Gründer selbst. Zwei Jahre vor seinem Tode schrieb er: „Seit 25 Jahren schlafe ich auf einem überdachten, aber vorn ganz offenen Balkon, und zwar Sommer wie Winter im Adamskostüm, auch noch bei 20 Grad Kälte und darüber... Im Sommer bedecke ich mich mit einer leichten Steppdecke, im Winter mit einer wollenen Decke, bei strenger Kälte mit zweien."
Im Frühjahr bzw. Sommer 1945 plünderten russische Soldaten das zuvor als Wehrmachts-Lazarett genutzte Sanatorium. In den Folgejahren mussten die Erben eine Finanzschule und ein Internat für Lehrerbildung in ihrem Besitz dulden. Wegen Enteignungs-Androhung verkauften sie 1960 Immobilien und Grundbesitz für 230 000 Mark der DDR an den Rat des Bezirkes Dresden. Seit 2007 ist das einstige Sanatorium eine Wohnanlage mit 26 Eigentumswohnungen.

Während sich links im Vordergrund Sachsenstraße und August-Bebel-Straße kreuzen, ist am rechten unteren Bildausschnitt der Augustusweg erkennbar. Der Blick nach Süden umfasst nicht nur einen Teil von Oberlößnitz und angrenzender Stadtteile, sondern zeigt auch die wunderbar weiträumige Landschaft des Elbtals.

Oberlößnitz zwischen Hauptstraße im Westen und August-Bebel-Straße im Osten mit der abzweigenden Waldstraße. Südlich der Waldstraße gelegene Grundstücke mit den zu DDR-Zeiten erbauten Mehrfamilienhäusern gehören schon zum Stadtteil Radebeul. Die Reichsstraße in der Mitte stößt in südlicher Richtung auf die Maxim-Gorki-Straße.

Wohnareale und Kleingartenanlage beiderseits der Fichtestraße Richtung Sachsenstraße. Wo die Fichtestraße auf den Augustusweg trifft, steht „Haus Windisch“ (Augustusweg 90 und 92). Das 1623 erstmals erwähnte Winzerhaus wurde 1901 für Justizrat Bruno Windisch von Oskar Menzel (1873 – 1958) im Neobarock umgebaut.

Wahnsdorf mit seinem Anger auf dem Hochland der Lausitzer Platte

Etwas abgelegen von den elbnahen Stadtteilen liegt auf der Hochfläche der Lausitzer Platte das Straßendorf Wahnsdorf mit seinem teilweise doppelreihig bebauten Anger um den im 19. Jahrhundert angelegten Löschteich. Hier finden sich heute noch bäuerliche Einzelwirtschaften, zeigt sich ein ländlicher Charakter. 1350 als Wahendorf (vermutlich „Dorf des Vojan“) erstmals urkundlich erwähnt, gehörte es als markgräfliches Lehen den Burggrafen von Dohna. Weitere Namen: Waginsdorff (1378), Banßdorf (1539), Wahnßdorff (1748). Ein 1420 nahe dem Dorf erwähntes Vorwerk scheint schon 1531 aufgelöst worden zu sein. 1445 werden in einem Verzeichnis 17 Mann mit 8 Armbrüsten und 9 Spießen aufgeführt. Während des 16. Jahrhunderts stieg die Zahl der Güter auf konstant 23. Um 1600 waren hier 70 Weinberge verzeichnet, die Graue Presse als größtes Weingut. Vom 17. Jahrhundert bis zur Ablösung der Feudallasten 1856 gehörte das Dorf zum Grund und Boden der Hermsdorfer Rittergutsbesitzer. Die Einweihung des ersten Schulgebäudes (Altwahnsdorf 65) erfolgte 1858, im Jahre 1897 war das neuerbaute Schulhaus (Schulstraße 2) fertig. Eine Freiwillige Feuerwehr gab es bereits 1899. Im Jahre 1934 schloss sich die 238 Hektar große Gemeinde mit 983 Einwohnern der Stadt Radebeul an.

„Zeuge“ der Königlich Sächsischen Triangulation (Landvermessung) ist der Triangulationspfeiler von 1865 an der Wetterwarte. Auf Wahnsdorfer Flur wurde 1870 das Zillersche Wasserwerk im Lößnitzgrund errichtet (1892 demontiert). Geländeteile nutzte man 1896 für das Elektrizitätswerk. An Sachsens König Albert (1828 – 1902) erinnert eine Stele am Anger von 1903.

Das Dorf ist durch seine Wetterwarte (An der Wetterwarte) überregional bekannt. Am 1. August 1916 ging auf der 246,4 Meter über NN gelegenen Wahnsdorfer Kuppe das Spezial-Observatorium der 1905 gegründeten „Königlich Sächsischen Landeswetterwarte“ in Betrieb. Dominierendes Gebäude ist ein sechsstöckiger Beobachtungsturm. Seit 1928 als „Meteorologisches Observatorium Wahnsdorf“ firmierend, gehörte man ab 1934 zum Reichswetterdienst und ab 1950 zum Meteorologischen Dienst der DDR. Von 1948 bis in die 1990er Jahre arbeitete hier eine Radiosonden-Aufstiegsstelle, wo mit Hilfe von Ballons Temperatur, Feuchte und Luftdruck in der Stratosphäre gemessen wurden. 1991 kam das Observatorium zum Freistaat Sachsen, diente als Landesmessstelle für Umweltradioaktivität und Luftschadstoffe. Heute beherbergt das Objekt die Staatliche Betriebsgesellschaft für Umwelt und Landwirtschaft.

Nahe dem Berggasthof „Zum Pfeiffer“ befinden sich mit dem Bodendenkmal Todhübel Reste einer Turmhügelburg aus dem 13. Jahrhundert.

Westlicher Teil von Altwahnsdorf. Wo der doppelreihig bebaute Anger und der Feuerlöschteich (19. Jahrhundert) zu erkennen sind, entstand das durch Brände immer wieder veränderte Straßendorf im Mittelalter. Fünf zwischen 1769 und 1913 erbaute Bauernhäuser und Höfe stehen heute unter Denkmalschutz.

Von der Straße Altwahnsdorf zweigen in südliche Richtung (nach links) die Schulstraße mit dem 1897 erbauten Schulhaus und der Feuerwache (seit 1899) sowie weiter westlich die Spitzhausstraße ab. Von Norden (rechts) kommt die Reichenberger Straße. Im Vordergrund bereichern zahlreiche in den letzten Jahren entstandene Einfamilienhäuser das Ortsbild.

Linke Seite: Radebeuls Stadtteil auf der Hochebene über dem Elbtal ist von Feldern und Wald umgeben. Das von einem Turm bekrönte weiße Gebäude am nordöstlichen Rand der Bebauung gehörte seit 1905 zur „Königlich Sächsischen Landeswetterwarte". Heute sitzt hier die Staatliche Betriebsgesellschaft für Umwelt und Landwirtschaft.

Oben: Berggasthaus „Zum Pfeiffer" (Pfeifferweg 51) im Frühling. Über dem Rieselgrund gelegen, der in den Lößnitzgrund mündet, wird dieses Anwesen mit Fernblick wohl seit 1672 genutzt. Ab 1885 ist ein Weinschank nachweisbar. Um 1900 erweiterte der damalige Besitzer die Ausflugsgaststätte um Veranda, Terrasse und Tanzdiele.

Blick von Südwesten über den bewaldeten Lößnitzgrund mit dem markanten Syenit-Steinbruch Hoher Stein auf den Stadtteil Wahnsdorf, die Gemeinden Friedewald, Reichenberg und Boxdorf sowie die im Norden liegende Moritzburger Kleinkuppenlandschaft. An der Hangkante über dem Rieselgrund das Restaurant-Hotel „Zum Pfeiffer".

Lößnitzgrund mit Elektrizitätswerk (Lößnitzgrund 46). Seit 1992 finden hier nahezu jährlich am Wochenende nach Christi Himmelfahrt die Karl-May-Festtage statt. Im Andenken an den Abenteuerschriftsteller Karl May verwandelt sich der Grund in eine Wild-West-Kulisse und lockt etwa 30.000 Gäste an.

Danksagung

Der Autor dankt einer Vielzahl von Persönlichkeiten und Institutionen, die durch Anregungen, Auskünfte, Genehmigungen, Hinweise, historische Dokumente oder durch ihr Wohlwollen zum Gelingen dieses Buches beigetragen haben. Vor allem dem Oberbürgermeister der Großen Kreisstadt Radebeul und Sammler historischer Luftbilder, Bert Wendsche, dem Radebeuler Baubürgermeister Dr. Jörg Müller, den Damen und Herren von Ordnungsamt und Stadtarchiv. Ein herzliches Dankeschön geht auch an die Geschäftsführungen und Mitarbeiter vom Deutschen Kinderschutzbund, der Friedenskirch- und Lutherkirchgemeinde, von Karl-May-Stiftung, Staatsweingut Schloss Wackerbarth, Stiftung Hoflößnitz, Tischlerei Bernd Lehmann, sowie Verwaltungs-Direktorin Ursula Russow-Böhm vom Elblandklinikum Radebeul. Die freundlichen Begegnungen und Gespräche mit Bürgern, Denkmal- und Weinbergbesitzern sowie Unternehmern wie Helge und Michael Andreas, Karl-Friedrich Aust, René Dolze, Katrin Haub, Karl-Heinz und Thomas Hartmann, Friedrich Kozka, den Brüdern Lorenz, Oliver Kreider, Barbara Münch, Torsten Schmidt, Marie-Christine von Schönberg-Minckwitz und Ferdinand von Schönberg, Wolfram von Minckwitz und Petra Stiller, Adolf Schütte, Robert Zinnecker und vielen weiteren ungenannten Radebeulern aller Stadtteile sind mir in lebhafter und bleibender Erinnerung. Ohne die Hilfsbereitschaft von Geschäftsführer Christian Angermann von der Angermann Luftbildservice GmbH wäre das Werk womöglich nie vollendet worden. Besonders bedanke ich mich bei meiner Ehefrau Karina, die seit Jahrzehnten für die sehr zeitaufwendigen Recherchen und Fotoarbeiten aller publizistischen Werke Verständnis und Geduld aufbringt, mit regem Interesse meine Manuskripte intensiv kreativ-kritisch begleitet.

Abbildungsverzeichnis

Alle Fotos und Reproduktionen von Jürgen Helfricht & Angermann Luftbildservice GmbH, außer: Oliver Kreider S. 85/86; Torsten Schmidt S. 64; Stadtarchiv Radebeul S. 7 *l.*, 8 *l.*, 9 *l.*, 11 *r.*, 12 *l.*, 15, 16 *o.*, 17 *o.r.*, 17 *u.l.*, 18 *u.r.*, 20 *r.*, 21 *l.*

Quellen

Andert, Frank: Stadtlexikon Radebeul. Historisches Handbuch für die Lößnitz. – Stadtarchiv Radebeul 2005

Aust, Elisabeth: Ein Weingut in der Oberlößnitz. Seine Geschichte und Geschichten. – Thomas Helms Schwerin 2019

Dehio, Georg: Handbuch der deutschen Kunstdenkmäler. Sachsen I. Regierungsbezirk Dresden. – Deutscher Kunstverlag München Berlin 1996

Ficker, Friedbert u. a.: Ernst Ziller. Ein sächsischer Architekt und Bauforscher in Griechenland. – Josef Fink Lindenberg i. Allgäu 2003

Helas, Volker; unter Mitarbeit von Müller, Michael; Nitzsche, Mathis: Denkmaltopographie Bundesrepublik Deutschland – Denkmale in Sachsen Stadt Radebeul. – Sax Verlag Beucha 2007

Helfricht, Jürgen: Astronomiegeschichte Dresdens. – Hellerau Dresden 2001

Helfricht, Jürgen: Der Nudossi®-Code. Backrezepte & Kochideen. Die Geschichte der Nuss-Nougat-Créme. – Husum Husum 2012

Helfricht, Jürgen: Die Erfolgsrezepte sächsischer Naturheiler. – Tauchaer Verlag Taucha 2004